U0148702

# 論《戰爭與和平》主題思想

蕭素卿 著

文史哲學術叢刊

文史哲出版社印行

# 序

　　托爾斯泰的代表作三部長篇小說翻譯成中文已有很長的時間,不過三者在我國的傳播程度不一樣。遍查高校外國文學史教科書。凡講一部者,均首選《復活》,如有足夠的課時講兩部,則再選《安娜‧卡列妮娜》。三部都講到時,才有《戰爭與和平》。但有後一種講法的教材,已屬寥寥無幾。

　　在俄國,三者的地位正相反。首選者必定是《戰爭與和平》,其次為《安娜‧卡列妮娜》。三者都講時才輪到《復活》。兩國的情況何以差異如此之大,自然各有各的道理(並非將它們分出高低之故),若從比較文學的角度來研究這些差異,定是個饒有興味的題目。

　　俄國人之所以特別看重《戰爭與和平》,原因之一,在於它最能說明俄羅斯的民族性格和反映俄羅斯的民族精神。而這一點也得到世界歷來的評論家所認同。

　　蕭君素卿以短短的俄國文學「學歷」,就能一眼看準,以它作為學位論文的研究題目,其選擇恰與學界吻合。這不能不說是一種慧眼識珠,一種對文學作品的敏銳觀察力和辨識力。

　　本文的成功在於它扣緊小說的主題思想,闡述托翁的思想和生活淵源,論證托爾斯泰不懈地追求「人生真諦」的人生觀及其深刻的人道主義精神,以及如何通過小說的人物形象、藝術結構和多種藝術方法來凸顯作品的主題。因而此文不但達到了學位論文的要求,而且對於在台灣推介這部世界名著也具有現實的意義。

　　文章的論題雖然有意局限於既定的研究中心內容,但其論析的範

圍已涉及體現主題思想的各個方面，包括小說選材於重大的歷史事件，內容含有深刻的哲理思想，作品形式又具有宏大的藝術結構，實際上已接觸歐洲文學的最高成就—「史詩」的幾種要素，因而本文已是從更高的層次上來肯定了托翁名著的價值，這尤其令人感到可喜。

蕭君之所以能成功完成學位論文，除了有其軍旅生涯的背景，更易體會托翁作品的精髓外；還因其有刻苦精神和敏捷的感悟能力，她在不長的時間內能夠研讀相關資料，領會過去所不熟悉的俄國國情和作品歷史背景，探索托翁的思想信念及其複雜內涵，進而深入小說本身去探究。加上她有長期文宣工作練就的快筆，才得以完成這部著作。

我指導台灣研究生有多位，她是最快，也是第一位完成學位論文的，實是可賀。願蕭君繼續努力，爭取有更好的學術前程。

李 明 濱
2002 年 12 月 6 日
於南華藐姑射

# 自 序

　　人生多奇妙，居然在這萬緣已盡，只問花開花謝的晚境，與南華大學文學研究所結緣，浸浴在浩瀚的文學領域中，享受文學藝術的動人和溫馨。

　　非常感謝指導教授北京大學教授博士生導師李師明濱的悉心啓發和指導，從論文的構思到完成的整個過程中，每週南來藐姑射的面授。引領我深入瞭解俄國國情、歷史背景及文化特色，有助於撰寫論文的基本認識，特別是台灣相關資料匱乏，李師自彼岸蒐集豐富的參考書籍，提供論文撰寫的徵引意見，使得本論文在剖析問題及比較研究方面更爲明白。

　　在研究所的這段期間，承蒙胡所長仲權、李師正治、鄭師志明、周師純一、鄭師幸雅諸位老師的教誨和鼓勵，銘感肺腑。

　　求學的日子裏，同窗、好友尤純純、黃飛龍、陳燕鳳、張素雲、楊介仁、陳仁忍的相互砥礪切磋及精神上的鼓舞，林滿君及小犬游世運、游世傑協助打印工作，使我能夠順利完成學業，同申謝忱。

蕭　素　卿
民國九十一年六月三日
於南華大學文學研究所

# 論《戰爭與和平》主題思想

## 目　　錄

# 第一章　緒　論

## 第一節　研究動機與目的

筆者於民國八十九年考進南華大學文學研究所,二年之內得以聆聽中外文學各種專題及課程,接觸以往從未了解過的俄羅斯文學,被其頗具特色的文學作品所吸引,並從總的觀照上領會俄國文學史的特點。

縱觀俄國文學發展的歷史,是以發現它一向在為爭取國家民族的前途、人民的自由與幸福而拚搏。其宗旨一直是「為人生」的。亦即暴露社會黑暗,提出重大社會問題,啓迪人生,催人覺醒。

舉凡官僚、剝削者的腐敗統治,當政者及其臣僕的橫暴,趨炎附勢諸種小人的勢利眼和醜態,無不得到淋漓盡致的描述。

同時,俄國文學極端關注社會人生,對於被壓迫者與被侮辱者給予無限的同情,為他們的苦難而鳴冤叫屈。因而這種文學又是深具人道主義精神的。

凡此種種,便導致了這種文學會廣泛反映生活,努力探究社會人生、思想心理、道德情操各方面的問題。既要批判和否定社會的弊端,兼及注意樹立正面的理想。

具有這種特色的俄國作家不少,諸如普希金、萊蒙托夫、果戈理、赫爾岑、屠格涅夫、岡察洛夫、車爾尼雪夫斯基、奧斯特羅夫斯基、涅克拉索夫、謝德林、陀思妥耶夫斯基、契訶夫等等[1]。其中兼具兩

---

[1]　參閱李明濱《俄國近現代文學經典》第 1-2 頁,南華管理學院,1998 年。

方面特色的,即既批判和否定舊的弊端,又肯定並宣揚正面的理想,當數著名大作家托爾斯泰,而其最著名的一部代表作長篇小說《戰爭與和平》恰好是最鮮明的體現。

極具民族特色的俄國文學,在十九世紀迅速發展,大放異彩,令世界矚目。俄國文學在十九世紀一百年內藉助於寫實主義而走向高峰,出現了托爾斯泰、陀思妥耶夫斯基、契訶夫三大巨匠。托翁並成為俄國文學的代表。他既是普希金優秀傳統的繼承和發展,又是二十世紀蘇俄文學的前導,起了承先啓後的作用。

例如二十世紀中葉蘇聯名作家諾貝爾文學獎得主蕭洛霍夫,就是托翁文學傳統的繼承人。其創作長篇小說《靜靜的頓河》(四卷)就是一部史詩性鉅著[2],繼承的正是托翁《戰爭與和平》的優秀方法。即如諾貝爾獎授獎的讚詞中所稱:

> 他對頓河流域史詩般的描寫中,以藝術力量和新穎的創造性反映了俄羅斯人民的一個歷史階段[3]。

詳細考察起來,蕭氏的這部鉅著也具有類似《戰爭與和平》的藝術特點,如宏大的結構,史詩的氣勢,眾多的人物形象和濃厚的頓河風俗氣氛及俄羅斯民族色彩。自然,無論是《戰爭與和平》,還是《靜靜的頓河》,在台灣都未曾廣泛傳開過。

本文的目的,除了全面分析《戰爭與和平》,評價其價值和文學史地位外,還要通過該書評論托爾斯泰其人,並進而介紹俄羅斯文學的特點。藉此,本文將有如下的意義:

一、全面評價《戰爭與和平》,引起文壇和讀者的重視,為當代作

---

2　詳見李明濱主編《二十世紀歐美文學簡史》第 157-165 頁,北京大學出版社,2000
　　年。

3　轉引李明濱《俄國近現代文學經典》第 145 頁。

家提供借鑒，促進對於宏篇鉅著的歷史題材作品的創作。

二、引進和評述俄國及世界文壇對《戰爭與和平》直至托爾斯泰的研究成果及評論方法，爲我國評論界開拓一個新的視野。故本書也將在文學研究上提供新的方法，即文學的社會批評方法。

三、引進和評述俄國文學發展的概況和成就，可以引起國人對該國文學的興趣，增進對一個國家文學的新理解。

## 第二節　研究範圍與內容

托爾斯泰在我國久享盛名，作品廣有流傳，而早在 20 世紀初就有譯介。但其數量之多，猶如汗牛充棟，據指導教授李明濱師講課介紹，在中國也罕有通讀托氏全部作品九十一卷者。我只能依據在文學史上的評判，選擇代表作做個案分析，目的在通過個案了解全局，掌握作家的根本特色，因而著重在其三大名著做選擇，即《戰爭與和平》、《安娜·卡列妮娜》和《復活》。

《安娜·卡列妮娜》是一部描寫俄國社會大變動的小說，表現這種變動在主人翁安娜、卡列寧、渥倫斯基三者之間婚姻愛情關係的微妙糾葛、明爭暗鬥，直到訴諸社會的過程，實際上帶有「道德教誨」小說的因素。內容深刻，情節生動，人物鮮明，很引人入勝，尤其女主人翁美麗的愛情故事很令讀者對安娜神往，但是全書較多的是在家庭、夫婦、外遇諸層面上來描繪，雖然也有第二條線索列文這個農業貴族的改革，畢竟沒有很大的吸引力，往往被忽視，因而不足以從作品看出俄國歷史命運大事的變遷，氣勢也不夠宏偉。

《復活》的道德教誨色彩更爲濃厚。作家的本意是寫男主人翁涅赫留多夫公爵青年時誘姦了婢女馬斯洛娃，害得她被主人趕出家門，淪爲妓女，後來竟爲一起冤案被判罪。他得知後良心發現，他

懺悔承認本身就是罪惡的根源，去請求法庭重判，而自己則願與她結婚以彌補罪過，挽救她回來，但女主人翁不忍心因自己的身分而造成他的社會地位有損，最終加以拒絕。這樣男女二人均在思想精神上復活，回歸到純潔道德的層面上。

小說固然通過男女主角的悲慘命運暴露了社會的不公平，即經濟上的不平等，政治上的無權，包括法院、監獄、政府機關的腐政，宗教上的欺騙，沙皇專制制度的可怕，很有思想內函和深刻的意義。當然也只是通過兩個主要人物的身上來體現。看來也不足以反映俄國在歷史上影響民族命運上的大局。

相形之下，只有《戰爭與和平》最為全面、廣闊地反映歷史，氣勢極為磅礴，人物眾多，情節繁複，以筆者在軍旅生涯中的體驗，該書最適合於深入研讀，逐章體會和綜合研究。

我在雲嘉電台「清香茶」節目中曾以《戰爭與和平》書中男主人翁之一的皮埃爾在被俘後對人生幸福的體悟做一番解說，結果得到很好的迴響。我們一心追求幸福，而幸福往往只會走向反面，徒然折磨自己罷了。皮埃爾在通過面臨死亡的恐怖，通過重重苦難，終於獲得精神的寧靜和內心的和諧。他深刻的悟出：

> 沒有痛苦，各種需要都能得到滿足，以及由此而來的選擇職業的自由，這一切就是人的最大幸福。4

在戰俘營裏，皮埃爾才第一次嘗到肚子餓時吃東西，口渴時喝水，要睡覺時能夠入睡，寒冷時得到溫暖，要談話和聽到人的聲音時能談話等快樂。山珍海味、整齊清潔、自由，這一切皮埃爾都已失去，只有這時，他才覺得這些原是極其完整的幸福。他歸結出：

> 生活條件過分優越，就會使人喪失需要得到滿足時的幸福。

---

4　《戰爭與和平》，草嬰譯，台北，貓頭鷹出版社，2001 年。

　　《戰爭與和平》過去有若干版的譯本，但多為轉自英、法譯。在新世紀之交，由貓頭鷹出版社推出的新版，係直接以俄文譯成中文，譯者是名翻譯家草嬰，也是台灣首次推出這種直接譯自俄文的版本。筆者得到這個完善的譯本，便細細研讀起來，頓時感到特別新鮮深刻的領悟。其中還有托翁本人寫的「序跋」之譯文及台灣學者王兆徽教授的導讀文字，這些均是筆者從事托翁《戰爭與和平》主題思想研究很好的依據。

# 第三節　研究步驟與方法

　　本書之研究係按下列三個步驟進行研究：

**一、蒐集資料：**

　　(一)　學術機構如國家圖書館、台北市立圖書館及各單位學校圖書館蒐集有關俄國文學中托爾斯泰《戰爭與和平》主題思想之中外期刊與學術著作。

　　(二)　請托指導教授李明濱師自北京大學圖書館及大陸各書店借閱或購買相關期刊及書籍，作為研究之參考。

**二、擬訂研究大綱：**

　　本研究綱要之擬訂，係以托爾斯泰《戰爭與和平》內容為經，主題思想之突顯為緯，最後就各章要點作一結論及建議，希望藉由本書帶領我們向人生的真諦探底，使心靈重生。

**三、撰寫本書：**

　　綱要擬定後即整理有關資料，計劃各章節的進度，依本研究所訂之原則與方法撰寫。

　　本書所使用之研究方法為：

一、歸納法：從托爾斯泰《戰爭與和平》鉅著中，歸納出托翁的世界觀和創作的主題思想。

二、分析法：分析《戰爭與和平》作品中不同人物展現的不同性格與特質，尤其是三位主要角色對生命價值的認知和實踐。

三、比較法：比較托翁前期的思想和創作及後期的思想和創作之總特點。

四、文獻法：應用於作品在俄國的出版狀況，俄國評論界的研究和論爭之統計資料，有關理論期刊、文章的蒐集和研判。

五、社會批評法：本書採用文學的社會批評方法，既以作品中人類生命價值爲探討的焦點，對托翁這部世界文學瑰寶之深層涵意和錯綜交織的人物進行批評剖析。展示認識社會與歷史、國情與文化的價值。

# 第二章《戰爭與和平》研究的
# 回顧與前瞻

《戰爭與和平》從出版之日起就受到熱情贊揚。俄國文壇承認它是托翁最優秀的作品。此後，雖然他一再寫出新的名篇，但人們對這部作品的高度評價卻沒改變。這裏就須要把這部作品和托翁的整個創作結合起來評說。

## 第一節　俄國的出版情況

俄國評論界一般都把托爾斯泰的創作與俄國解放運動相聯繫。因為作家出現的十九世紀五十年代，已是反對農奴制的呼聲高漲時期，他本人的民主主義思想也和解放農奴制相符合。而在他看來，解放農奴又是俄國的出路之一。所以他把從事創作也看作是參與解放農奴的活動，用筆來喚醒人們的良心和理智。寫出《戰爭與和平》，無疑也是他參與社會活動的見證，他在書中正是訴諸人民，喚醒民眾的自覺。

試看書中主人公安德烈·保爾康斯基和皮埃爾·別祖霍夫思考時代的問題，企圖在自家田產上解決農民問題的試驗以及他們在戰爭中親近下層人民，依靠百姓等等，都是托翁現實思想的反映。

難怪，這部小說立即從思想和藝術水平上被奉為第一流的作品。並得到大量的出版。

舊俄時代的出版情況我們沒有資料以統計數字，但從十月革命

1917 年起至 1952 年近半個世紀內，他的作品就用蘇聯各民族的 73 種文字印行，總數近四千八百萬冊。

1952 年以後的出版數更增長，因資料不全，無法精確統計。不過，如果說零散的單行本不便於計算，那麼大型的作品集至少有四種造成廣泛的影響。

一、是托爾斯泰《文學作品全集》，十五卷，出版於 1928－1930 年，裏面附有詳註和評論。

二、是托爾斯泰百年誕辰紀念版《托爾斯泰全集》九十卷，另加一卷總目錄，共九十一卷，從 1928 年開始出版。至 1958 年出全。這是迄今最為宏大的版本，收入作家的全部作品、日記、信函，並有編者所作的學術性註釋。據北大教授李明濱先生講課介紹，這種珍貴的版本，目前在中國大陸也才存有兩套完整的書籍。一套在南京，一套在上海。

三、為只收入托翁文藝作品的《托爾斯泰文集》十四卷，於 1951－1959 年印全。所收入的文藝作品均有學術性注釋，係採自百年紀念版的文藝作品部分。

四、此外，還有在二十世紀六十至七十年代出版的一種二十卷的《托爾斯泰文集》[1]。

所有這些版本中自然都含有《戰爭與和平》。

## 第二節　俄國的研究歷史與現況

托爾斯泰逝世於 1910 年，七年以後發生了十月革命，從 1917 年起，列寧就重視號召向托爾斯泰學習，他自己前後寫過七篇文章

---

1　資料據蘇聯貝奇科夫著《托爾斯泰評傳》，吳均燮譯，人民文學出版社，1959 年。

論托爾斯泰，如《列夫・托爾斯泰和他的時代》、《列夫・托爾斯泰是俄國革命的鏡子》等。

列寧的七篇文章，主要分析了托翁作品和時代、社會、人生的關係，尤其側重在作品的思想內涵，那正是本論文研究的重點。

列寧認為，托翁是個「激烈的抗議者，憤怒的揭發者和偉大的批評家。」[2]他大膽地「撕下了一切假面具」[3]，「反映了一直到最深的底層都在洶湧激盪的偉大的人民的海洋」[4]。他代表災難深重的俄國人民，在最黑暗的年代裏，發出了痛徹心腑，然而又是充滿矛盾的呼喊。

此外，俄國現代大作家高爾基也在所著《俄國文學史》等書中，一再評論到托爾斯泰。他盛讚托翁云：「托爾斯泰是個囊括整個俄國和一切俄國東西的偉大靈魂」[5]。

又說：「他告訴我們的俄羅斯生活，幾乎不下於全部俄國文學」[6]。托爾斯泰是屬於全世界的。

學者的評論比較集中的有 1939 年出版的兩期《文學遺產》，係——第 35－36 期合刊和第 37－38 期合刊。其中有幾篇論及托翁的這部名著：如維諾格拉多夫的《論 50－60 年代托爾斯泰的語言》，艾享巴烏姆的《戰爭與和平以後的托爾斯泰》[7]。

影響大而且流傳廣的有以下四本研究論著：

一、古謝夫的《托爾斯泰生活與創作年表》，1936 年。

---

2　資料據蘇聯貝奇科夫著《托爾斯泰評傳》，吳均燮譯，人民文學出版社，1959 年。

3　《列寧全集》第 15 卷，第 178 頁，人民出版社。

4　《列寧全集》第 16 卷，第 321 頁，人民出版社。

5　《高爾基論文學》第 167 頁，廣西人民出版社。

6　高爾基《俄國文學史》第 503 頁，1957，新文藝出版社。

7　資料據蘇聯貝奇科夫著《托爾斯泰評傳》，吳均燮譯，人民文學出版社，1959 年。

二、艾享巴烏姆的專著《列夫‧托爾斯泰》，1928 年。

三、古德濟的《托爾斯泰評傳》，1948 年。

四、貝奇科夫的《托爾斯泰評傳》，1954 年。

以上第 3、4 本已有中文全譯本，資料豐富，論述細膩，足夠初學者參考。

俄國評論界雖有爭論，但將近一個世紀裏，基本達成共識，認為托爾斯泰是偉大的作家，但其作品中的思想內容是複雜和矛盾的，兼有長處和短處兩個方面。

## 第三節 我國翻譯托翁作品的歷史與現況

托爾斯泰作品最早譯成中文的是《托氏宗教小說》（1907）。係香港禮賢會出版的單行本，由英文轉譯的。1913 年才由上海中華書局出版馬君武譯的《復活》（書名為《托爾斯泰評傳》）。這算是首次譯出的托翁名作之代表。

至於另一部名著代表作《安娜‧卡列妮娜》的翻譯出版時間，則要晚三年，在 1916 年由中華書局出版，陳家麟、陳大鐙合譯，書名為《婀娜小史》。同年在該社出版的還有另一部名著《塞瓦斯托波爾故事》（朱世湊譯，書名《克里米亞血戰錄》）。

此後在 1918 年又由商務印書館出版名翻譯家林紓（林琴南）和陳家麟合譯的《童年‧少年‧青年》（書名為《現身說法》）[8]。

可見在早期，尚無《戰爭與和平》的譯本。

據不完全資料統計，從那時起至 1980 年，托爾斯泰作品譯成中文的，包括出版的單行本作品和雜誌發表的單篇作品，共有 819 種

---

8　均據李明濱《中國與俄蘇文化交流誌》第 223-224 頁，上海人民出版，1998 年。

（篇）[9]。如若加上近 20 年來發表的幾百篇算，估計總數當在 1000 種（篇）以上。

其中，最有影響的是大陸人民文學出版社中文本《托爾斯泰文集》二十卷，於 1981 年－1989 年出齊。

在托翁作品大量的中譯本中，《戰爭與和平》僅佔很少的一個數字，因爲部頭大，很少有人能潛心譯出全文。

最早的譯本是郭沫若譯自德文版的《戰爭與和平》，1934 年出版，只譯了一半就中輟了。

後來陸續有幾種全譯本出現：

一、高植譯《戰爭與和平》，平明出版社，1951 年出版。

二、董秋斯譯《戰爭與和平》四卷本，轉譯自英文版，人民文學出版社，1958 年出版。

三、劉遼逸《戰爭與和平》四卷本，人民文學出版社，1994 年係譯自俄文，被認爲最完善的直接譯本。有李明濱作的序。

四、加上草嬰的新本，實際上也只有 4 種。

關於《戰爭與和平》的版本有多少種，過去眾說紛紜。由於兩岸都有人從其他文字轉譯，且有改成各種選本者，使得這個問題更顯複雜。爲了廓清全貌，筆者最近特爲托人查詢北京的版本圖書館，據云：

在 2001 年 7 月間就有記者信口開河，說是從某書城進貨記錄來看，《戰爭與和平》版本竟有 34 種之多。人所周知，《戰爭與和平》這部史詩性的皇皇鉅著，是托翁對風起雲湧的 1812 年俄國對抗拿破崙侵略的時代之社會生活寫照，是揭示歷史向前發展的記錄。讀這部名著並不像一般流行的通俗小說那麼輕鬆。筆者最近爲寫論文就

---

9　據《托爾斯泰創作研究》附錄統計，該書第 716－769 頁，上海譯文出版社，1981 年。

得反覆讀了不止四遍。

此書也不可能有炙手可熱的賣點而引起出版社競相出版,固而大量不同版本的出現是不可能的。

據向版本圖書館調查了解[10],《戰爭與和平》一書半個多世紀以來,中譯本只有高植、董秋斯、劉遼逸、草嬰四位翻譯名家的 4 種全譯本。加上盛震江、周煜、師偉和佑強的譯本(在哈爾濱等地出版),也不過只有 7 種。如果把各種選譯本、縮寫本統統算上,充其量也不過 15 種。

## 第四節　我國對《戰爭與和平》的 評論與研究

早期,爲了推介托爾斯泰,常常把俄國蘇聯的論文譯成中文,及時發表。隨後中國人寫的評介文章才逐漸多起來。因而這類研究文字又可分爲譯文和著文兩種。

### 一、關托翁生平及其著作研究的

自二十世紀初至 1980 年統計[11],約 157 種。(按,近 20 年來因無資料統計,暫缺)。其中影響較大重要論著有如:

列寧《論托爾斯泰》,在 1947、1952、1953、1960 年一再出版和重印。有的版本在篇幅上略有增加。

巴金譯《托洛斯基論托爾斯泰》,《東方雜誌》25 卷 19 期 1928 年 10 月。

陳燊譯《歐美作家論托爾斯泰》見《外國文學研究》1981 年第 2

---

10　程力:《出版業:拒絕媒體的不實報導》,《出版參考》(網路版)2001 年 7 月 19 日。

11　據《托爾斯泰創作論集》第 726－757 頁統計,上海譯文出版社,1981 年。

期。後於 1985 年由上海譯文出版社出了全譯本。

朱筌譯，【蘇】古德濟著《托爾斯泰評傳》，時代出版社，1959年。

吳均燮譯，【蘇】貝奇科夫著《托爾斯泰評傳》，人民文學出版社，1959 年。

上述最後兩本書的作者古德濟和貝奇科夫均為蘇聯著名的托爾斯泰研究專家，其著作在蘇聯享有聲譽，一向為中國學界所重視。這兩本著作流傳時間也長，我們在 80 年代的出版書目中，還能看其重新印行的消息。

這些俄蘇學者寫的文著中都有章節論及《戰爭與和平》。

### 二、著文，中國作者寫的論著和文章。

自二十世紀初至 1980 年統計約有 234 篇[12]但論《戰爭與和平》的，僅佔 19 篇。其中值得注意的是郭沫若的《序戰爭與和平》（1934），茅盾的《世界文學名著講話（內有評《戰爭與和平》的章節）》（1943），呂熒的《論戰爭與和平的藝術歷史哲學》（1952）。而論析這部名著的作者中，文章最多的則是李明濱，計有《托爾斯泰的＜戰爭與和平＞》（1979）、《＜戰爭與和平＞的藝術成就》（1981）、《＜戰爭與和平＞中譯本序》（1994）、《＜戰爭與和平＞導讀》（1991）、《俄國近現代文學經典・＜戰爭與和平＞》（1998）、《托爾斯泰及其創作・七＜戰爭與和平＞》（2001）等六篇。

中國作者評《戰爭與和平》的文章中，多數是肯定和讚揚這部鉅著，只是略為指出作品的思想內容方面有消極和不足之處。最早發

---

12 據《托爾斯泰創作論集》第 727－767 頁統計。

現這方面問題的是魯迅。他批評了托翁的「不抵抗主義」、「不抗惡」的思想。例如下列的兩段文字：

其一，魯迅生動而具體地指出了托翁的思想矛盾，尤其「不抗惡」思想是怎麼形成的，他說：俄國文學家托爾斯泰講人道主義，反對戰爭，寫過三冊很厚的小說——那部《戰爭與和平》，他自己是個貴族，卻是經過戰場的生活，他感到戰爭是怎麼一個慘痛。尤其是他一臨到長官的鐵板前（戰場上重要軍官都有鐵板擋住槍彈），更有刺心的痛楚。而他又眼見他的朋友們，很多在戰場上犧牲掉。戰爭的結果，也可以變成兩種態度：一種是英雄，他見別人死的死傷的傷，只有他健存，自己就覺得了不得，這麼那麼誇耀戰場上的威雄。一種是變成反對戰爭的，希望世界上不要再打仗了。托爾斯泰便是後一種，主張用無抵抗主義來消滅戰爭。他這麼主張，政府自然討厭他；反對戰爭，和俄皇的侵略欲望衝突；主張無抵抗主義，叫兵士不替皇帝打仗，警察不替皇帝執法，審判官不替皇帝裁判，大家都不去捧皇帝；皇帝是全要人捧的，沒有人捧，還成什麼皇帝，更和政治相衝突[13]。

其二，魯迅風趣地指出了它是不可行的：「俄國托爾斯泰的無抵抗主義之所以不能實行，也是這個原因。他不主張以惡報惡的，他的意思是皇帝叫我們去當兵，我們不去當兵。叫警察去捉，他不去；叫劊子手去殺，他不去殺，大家都不聽皇帝的命令，他也沒有興趣；那麼做皇帝也無聊起來，天下也就太平了。然而如果一部分的人偏

---

13　魯迅：《集外集·文藝與政治的歧途》

聽皇帝的，那就不行。」[14]

今人評論《戰爭與和平》者，以北京大學教授曹靖華主編，張秋華、岳鳳麟、李明濱爲副主編的高等學校俄文系通用教科書《俄國文學史》和南開大學教授朱維之、趙澧主編的高等學校中文系通用教科書《外國文學簡編》最具權威性。

在曹主編的《俄國文學史》，涉及的一個論題是：探索社會焦點問題的出路，領悟到應依據歷史的經驗，寄希望在人民、小說也就突出表達了「人民的思想」，成爲「歌頌人民的史詩」。

曹氏說：「1816 年農奴制改革遠未從實質上解決地主與農民之間的矛盾，階級鬥爭形勢愈演愈烈。托爾斯泰面臨動盪不安的局面，思想探索十分緊張，他既反對革命民主主義者，又不願苟同於自由主義的西歐派。他企圖尋找另一支解決俄國社會問題的力量。這時，他的目光自然而然地轉向與 1812 年緊密聯系的十二月黨人運動，即作家所理解的，感興趣和親切的那個貴族階級的黃金時代」[15]。

曹靖華在《俄國文學史》中特別分析了托氏《戰爭與和平》成書的經過，他說：1861 年托爾斯泰在寫給赫爾岑的一封信裏寫道：「四個月以前我構思了一部長篇小說，其主人公是流放歸來的十二月黨人」，並徵求赫爾岑的意見。這裏指的是後來未完成的長篇小說《十二月黨人》。由於種種原因，作品只寫了三章。這構思說明托爾斯泰想寫一部以先進貴族爲主人公的長篇小說。但以後經過反覆思考，認識逐步深入，最終完成的《戰爭與和平》已是與最初構想迥不相同的一部人民史詩。《戰爭與和平》的主人公雖然仍是 19 世紀

---

14　魯迅《集外集拾遺補編・關於知識階級》

15　《列夫・托爾斯泰論藝術與文學》第一卷，第 374 頁，1958，國家文學出版社，俄文版。

初 20 年的俄國貴族，但由於托爾斯泰逐漸理解造就就貴族階級一代
先進人物的 1812 年衛國戰爭所具有的人民性，小說大大突出了決定
戰爭勝負的是人民的力量和智慧，決定歷史進程的是人民群眾這個
「人民的思想」。小說也就成爲了一部歌頌人民與人民戰爭的氣勢
雄渾的史詩。羅曼‧羅蘭說：「《戰爭與和平》使整個歷史時代、
人民運動和民族鬥爭復現－它的真正的主人公是人民。」[16]

朱維之、趙澧主編的《外國文學簡編》同樣是從歷史和社會學分
析的角度，論及小說中人民的作用，以及人民和貴族的關係。

## 一、人民的作用

朱、趙指出：小說肯定了 1812 年俄國人民反拿破崙入侵戰爭的
正義性質和人民抗戰的英雄氣慨。他們在保衛莫斯科和鮑羅金諾戰
役中士氣昂揚，民團穿上潔白的襯衫，準備爲祖國捐軀。在斯摩棱
斯克，商人、農民寧可把東西燒掉，也不留給敵人。敵後游擊戰爭
廣泛展開，農民齊抗暴。謝爾巴，村長的妻子華西里莎都以勇敢殺
敵而威名遠揚。小說爲人民建立了歷史風碑。

## 二、人民與貴族的關係

1、朱、趙說明托翁肯定了愛人民的將帥：

小說把俄軍統率庫圖佐夫同拿破崙的形象相對立，拿破崙把人民
作爲滿足個人野心的工具，而庫圖佐夫則熱愛人民，接近士兵，善
於觀察士氣。他的觀察力和軍事才能，在鮑羅金諾戰役中得到了突
出的體現。作者認爲任何傑出人物在歷史進程中都應該服從人民的
意願。

---

16 曹靖華主編《俄國文學史》第 533－534 頁，人民文學出版社，1989 年。

2、朱、趙認為，《戰爭與和平》的作者批評了遠離人民的貴族：作者對於遠離人民、不關心祖國命運的宮廷貴族進行了無情的露。他們爭權奪利，制造陰謀，進行黨派之爭。他們公開稱讚拿破崙，嘲笑人民的愛國熱情，他們以講法語為榮，對祖國毫無感情。庫拉全家是貴族道德淪喪、精神墮落的典型。家長華西里公爵為爭奪別祖霍夫的遺產，明爭暗鬥，設置圈套，女兒海倫是個沒有靈魂的「美麗的動物」，兒子阿那托里卑鄙無恥。

3、朱、趙還指出，托翁讚許親近人民的貴族，說他並沒有否定整個貴族的階級。

羅斯托夫和保爾康斯基兩個家族就是理想化莊園貴族的代表。老羅斯托夫為人忠厚，善良好客；他的兩個兒子積極參加衛國戰爭，幼子彼嘉英勇犧牲；女兒娜塔莎在莫斯科撤退時迫使雙親放棄財產，騰出車輛去運送傷兵。老保爾康斯基在戰時毅然組織民團抗敵，叮囑參軍的兒子安德烈要注意愛護榮譽，他自己因國難憂傷而死。女兒瑪麗雅是家族中愛國傳統的繼承人。在解決國家和民族的命運時，托爾斯泰歌頌人民，美化莊園貴族，譴責宮廷顯貴和上流社會。

小說突出描寫了三個中心人物，寫安德烈·保爾康斯基、皮埃爾·別祖霍夫和娜塔莎·羅斯托夫，通過他們探索俄國貴族的命運和前途。[17]

因為這三位貴族都是熱愛人民，與人民休戚與共的。

至於台灣出版的書，只有 2000 年由貓頭鷹出版社出的草嬰從俄文翻譯的中文本《戰爭與和平》，分成上、中、下三冊。這也是首次在台灣出版直接譯自俄文的托翁作品。書中附有譯者草嬰的序和王兆徽的導讀文字，體現了台灣學術界的評論水平，尤其政大王兆

---

17 朱維之、趙澧主編《外國文學簡編》第 310－311 頁，中國人民大學出版社，1999 年。

兆徽[18]教授的評論：

《戰爭與和平》和一般的歷史小說不同，它不但處理拿破崙、亞歷山大一世等風雲人物鮑羅金諾會戰、莫斯科大火等歷史事件，更進而詳細地刻劃出俄國社會的生活百態，上自貴族名流士紳、大家閨秀、軍人、學者，下至農夫、農婦，在作者的生花妙筆下，均描寫得栩栩如生，書中的悲歡離合、喜怒哀樂，錯綜複雜，真不愧稱為當代的「伊里亞」，是一部偉大的敘事詩。

十九世紀俄國小說的主要特徵，是遵循由普希金及果戈里等巨匠所奠定的寫實主義的主流，描寫與作者同時代所發生的事。而托氏所描寫的 1812 年戰爭卻不是他同時代的事，因為托翁於 1828 年出生。不過這部大作卻百分之百發揮了寫實的手法。據傳記所載，托氏花了六年創作，連同蒐集資料、作各種查證，所用的功力恐怕遠超過六年。所以這部小說是寫實主義下的作品。托氏在《戰爭與和平》中到處都發揮他的戰爭理論。照他的看法，戰爭完全決定於民心、士氣的意願，他否定歷史上所稱「英雄」「偉人」的價值。他認為把歷史上的大事件、戰爭冠上某帝王等名字，只不過是一種商標記號而已。由這一點來看，他是一個英雄否定論者。他擔心寫的不夠詳盡，又在跋語中反覆申論。他認為真正的英雄是心地善良、思想純正、默默地承受苦難安排的千千萬萬士兵和老百姓。[19]

---

[18] 據介紹，王兆徽教授(1922－)係台灣資深俄文學者，從事教職 50 餘年，在國立政治大學當過 6 年俄文系主任，培養學生無數，桃李滿天下，著作豐碩，如專著《俄國文學論集》、《現代俄語語法分析》、《現代俄語無人稱句用法研究》等以及論文 50 餘篇。　王教授的名聲不但在俄文學界具有權威性，而且已超出俄文界，貓頭鷹出版社首次推出的直接從俄文翻譯之托翁名著《戰爭與和平》和《安娜‧卡列妮娜》，都請他作序，就是為藉名家之推荐而拓寬銷路，擴大影響。

[19] 王兆徽《戰爭與和平》評介，《戰爭與和平》上冊第 5 頁，貓頭鷹出版社 1999 年。

不過，王氏略指小說不足之處，但總體上還是肯定的：

> 《戰爭與和平》在內容上很少受到批評。不過由於結構稍嫌雜亂，不調和，而受到許多批評，其中以德國布克奈教授爲甚。但大多數俄國作家的批評則不然。一八八〇年屠格涅夫寫道「沒一個地方可更改，歷史人物（如庫圖佐夫等）的特徵將傳諸久遠，這是偉大作家的不朽，他寫的才是道地的俄國。」克魯泡特金曾說：「我不知道法國人、英國人、德國人看這本書的感想？曾經有位頗有教養的英國紳士對我說：「這本書乾燥無味」。但對有教養的俄國人《戰爭與和平》的每一部分，都會給人帶來難以言喻的快感。我和許多俄國人一樣，我也看了，讓我說哪一部分最好，我也舉不出來。」正如羅曼羅蘭所說：「看不見的統一」是本書的性質。[20]

歐茵西[21]的評論著重在藝術手法上，計有七個方面，在台灣，難得有這樣詳細評論托翁的書，故特爲逐項摘引如下：

## 一、寫實的對比

歐教授說：托爾斯泰在形容人物或東西時，往往採用對比、對照的手法，而且是具體，寫實，不抽象，不誇張的。《戰爭與和平》裏，他在老保爾康斯基姿色平庸的女兒瑪麗雅身上使用了這樣的對

---

20　王兆徽《戰爭與和平》評介，《戰爭與和平》上冊第 6 頁，貓頭鷹出版社 1999 年。

21　歐茵西，奧地利維也納大學博士，主修斯拉夫文學，副修東歐歷史，曾任文化大學俄文組主任，先後在政治大學、師範大學、文化大學、淡江大學、台灣大學任教，現爲台灣大學外文系教授。主要著作和論文有：《俄國文學面面觀》，《皮薩列夫的文學觀與社會觀》，《俄國文學》，《阿布洛莫夫的結構》，《布寧作品中的主題與思想》，《托斯泰泰的文學技巧》，《索忍尼的文學觀與歷史觀》，《奧斯托洛夫斯基與契訶夫》與《蘇聯文壇的一線生機》等。

比：

> 如一盞花紋質樸而笨拙的吊燈，突然面對光采奪目的美女。

只要點燃起燈光，瑪麗雅平凡的容貌霎時更見清晰。

統計和研究將托爾斯泰作品中所有的對比或對照作的方式，歸結出，這種將瑪麗雅的臉與雕刻的燈作比較，是他最常採用的方式；他不會在這些比較上，投以詩意的色澤，因爲托氏認爲，他的責任並不在將這個被說明、也就是被比較的事物變成一種理想的物體，沒有必要以不清楚、不易確定的美麗想像或意境，使它超越原有的狹窄意義。所以托爾斯泰不將瑪麗雅的臉藉「突爲星光照亮的夜晚」或「被照耀在新雪上的陽光驅走的寒冬」來作說明，而與平淡無奇的吊燈對照。務求兩對照物之有數學性的一致。他在文字的表達，也必須絕對忠於事實的本色。

不過，他也不全然採用像吊燈這種無生命的靜物來作對照。在《戰爭與和平》中，他這樣描寫攜帶大批搶掠自莫斯科城的戰利品逃竄，情況卻越來越狼狽的法軍：

> 像一隻猴子，伸手探入花生瓶罐中，因爲不肯鬆開抓滿花生的拳頭，拔不出手來，只好坐以待斃。

在這裏，他以一個虛構的事實與真正的事實對比。他之選擇可笑的、貪婪的猴子，當然也有刻意蔑貶法軍的作用；他以這種方式嘲諷人和物，但卻不以對比方式，使書中人物理想化。這種寫實、具體的對比是托爾斯泰文體最重要的精神之一。

## 二、反譬喻的風格

歐氏繼續論道：托爾斯泰作品中，對人物的一致性，精確性的要求，極爲講究，所以他很少用譬喻的、寓意的修辭和語調。固然，譬喻字眼可以使文字更活潑，使靜物世界更有生氣，同時能使文字

的意義生動，物體的本質鮮明。譬如屠洛涅夫的散文中，會寫及「金色的樹」，或者，「綠色的河水歡悅地流動」，以及「碩大的白楊樹輕輕細語」。這些「金色的」、「歡悅地」以及「細語」等等都具有抒情的作用。它們在這裏代表的意義已經與它們原有的意義不同，因為樹不會是金的，水也不可能歡悅，而白楊更不會說話，我們不過是將字義想像的界線拭去，可是托爾斯泰非常反對這種筆法，他曾經針對此點說了下面幾句話：

> 有人説，當他注視美麗的大自然時，就不由自主的思及造物主的偉大和人類的渺小。另有人説，戀愛中的人會在水裏看見情人的臉。還有人説，山脈告訴他這個，樹葉對他訴説這事、那事。我怎能理解他的意思呢？要我體會他的想像，得費多大力氣呀？……

對托爾斯泰來說，這種寓意性的解釋不過是一種矯飾，他不屑為之。他有自己獨特的方法：以最具體、最適當的名字來稱呼他的物體。他的俄文字彙之豐富實在驚人，能夠對一樣東西的各個小部分都冠以恰當的名稱。他作品中的自然景致，就因為無與倫比的豐富詞彙而顯得非常貼切真實。不過，因為他不喜歡使用譬喻字眼，那種百科全書式的詳細描繪，有時候會將描寫對象罩上並不十分適當的面具。譬如有一次他以「肚皮」代表一般人極可能採用的「肉體」這個字，因為當時的確也是只指軀體的的這一部分；對即將做母親的人，他並不總稱之「孕婦」，而經常用比較粗俗的「懷妊者」。在《戰爭與和平》中，他言及一根被俄國人奪得的法軍元帥權杖時，也只稱它作「拐杖」（同時還加上一句：這根拐杖——天曉得！怎麼會被稱為元帥權杖？）在純邏輯的觀點上說，托爾斯泰是對的，因為他使文字恢復本來面目，表現出真實性，可是這種原則就容易使他的整個文體變得過分嚴謹，使小說缺少、甚至沒有一點浪漫，

更遑論文中充滿音韻之美，而從文字變化中產生幻想。屠格涅夫的文字既富感情且詩意，在一篇散文裏他這樣描寫夏夜：

> 小巧的花園，沐浴在銀灰月色中，沉湎在馥郁花香與露珠裏，空氣充塞著溫馨與芳香，像被落葉碰觸的水波，輕輕震顫，向四方擴散。

讀者在這種韻律中逐漸忽略了字面的意思，而為柔和情意的情調所吸引，色彩浪漫、引人入勝。屠格涅夫不啻是位撥弄文字琴絃的藝術家。

可是在托爾斯泰的作品中，我們就找不到這種技巧，他並未想讓讀者純粹藉美妙的音調來體會他的意思，所以他的散文絕無譬喻色彩，也不注意俄文重音與無重音節的排列；對他來說，白話與詩的界線迥然分明。如果他寫夏夜，不會寫成一個抽象的、美妙的夜晚，而是一個具體、不加修飾、溫暖的夏季之夜。

## 三、中性的文字

歐茵西教授說：當然，這種反譬喻的風格直接影響了章法，除了極少數的例外，我們根本無法從他的作品中找到詩詞性的字眼，或悽惻感情的流露；也沒有暗示語句，沒有叫人迷惑的倒裝句法。我們甚至可以說，他的文字結構跟一般學術性語言無大區別。為了力求文字真實、精確，他就經常忽略了傳統的章法規格，使文體產生粗糙之感。譬如他經常在一個主句之後，帶上好幾個副句，不停的「為了⋯，藉之⋯，於是⋯，即⋯，因此」，翻譯時特別吃力。或許，托爾斯泰的本意就是藉此強調對文字真實性的重視。

歐教授認為，托爾斯泰能夠以貼切的文字表現描寫的對象，當然與他深刻的感受力，以及驚人的表達能力有直接關係，而這兩種能力都出自他對「真實性」的重視與追求。當他描寫人物、事件或大

自然時，總是將這個對象拆爲各個小面、小個體，並且花很長的時間去研究他們；然後儘量藉最忠實、屬於中性的文字將它們介紹給讀者，也就是說，儘量避免寓意性和修飾性的字句。所以他描寫季節時，不會去注意它們的情調，像蓬勃的生氣啦，成熟的喜悅啦，或者死亡的寂靜等等。

在《安娜・卡列妮娜》裏，他這樣描寫夏天：

> 這是夏天———　一個盤算收成的季節，一個新播種計劃的開始。黑麥穗在空中飛揚，黃莖燕麥參差地伸出地面，堅硬的休耕地又已墾妥，散發著肥料氣味……

這是典型的托爾斯泰大自然描寫法。雖然沒有象徵語句，沒有內在的季節氣氛，呈現在讀者眼前的，卻是一幅逼真的仲夏圖案。

## 四、緩慢的情節　詳盡的描寫

歐茵西特別評論到：托爾斯泰作品中的故事情節進行緩慢，因爲他對各個人、事、物使用了許多詳盡的描寫，而這些描寫，大都沒有具體的情節。在這點上，和陀斯妥也夫斯基相較，最爲明顯。陀斯妥也夫斯基的小說極具戲劇性，令人興奮緊張；比較起來托爾斯泰的小說就很缺乏情節，托爾斯泰沒有戲劇化的天才，而且他那些細小情節之間，也不一定有密切關聯，有些甚至「根本不必要」的感覺。如果我們將《戰爭與和平》中的各個細節都看成與故事主線的前因後果有關的話，就根本沒法系統地向別人轉述這部小說了。譬如《戰爭與和平》裏，他如此說及老保爾康斯基上床的情形：

> 他慶皺眉頭，爲脫解罩衫和長褲的費力動作煩躁慢慢地，他終於脫下了衣服，沉重地坐上床沿，沉思地注視自己那雙又瘦又黃的腳。事實上，他什麼也不想，腦子裏一片空洞，不過是在把這一雙腳擺上床之前，略作躊躇而已……他緊閉嘴唇，艱難地完

成第二萬次這個動作，躺到床上……

短短的老人脫衣過程，就包含了這許多經過仔細觀察的細節。讀者從瘦小的雙腳，緊閉的嘴唇，失神的眼睛，看見一個蒼白的老人，透視入他的心靈。因此，有人將這種文字藝術稱作「肉體的透視」。他使讀者自己由可見處深入不可見處外表走進內在，從軀體探及精神。這種描寫方式在托爾斯泰小說中，不論長篇，還是短篇，都處處可見。他仔細觀察外表上的特徵，加以運動性的觀察（他們如何走路、站立，如何躺和坐），加上聲學的研究（如何說話），再將這些忠實寫出來，自然就塑造成功一個生動的人物。托爾斯泰眼光銳利感受力細膩，思想清晰，作品中的小故事雖多與主要情節無大關係，描寫雖繁，卻往往生動自然爲讀者所樂於接受。

## 五、此外，歐氏詳述了托翁的直接與間接的性格描摹手法：

不過對重要角色性格的描寫，托爾斯泰使用的方法不同。對次要的角色，就大多跟對自然界一樣，只做表面描摹。《戰爭與和平》中的阿那托里‧庫拉金就是個好例子：

> 他不是天生賭徒，至少，對他而言，賭博時贏不贏，並不重要；他不虛榮，人們對他持什麼看法，根本不放在心上；也不熱中功利，他敗壞自己的事業機會，輕視獎勵，氣煞老父；他不吝嗇，從不拒絕別人借債；不過，他喜歡享受和女人，他認爲這種愛好沒什麼不對，也不管它對旁人會產生什麼傷害，所以他自認是個正人君子。

這裏我們看到的是一段嚴謹、冷靜的性格描寫。一再重複的「他」，如同教科書裏的章節符號。簡直像是托爾斯泰伸出手指頭，一根一根地撥數這些特性似的。可是這種概括性的形容，並不能塑造出生動的角色。托爾斯泰自己很清楚這層道理，所以他將小說中

主要人物的個性分裂爲許許多多細小特點,將它們散佈在整部作品中,分別予以烘托或說明。如果上面所寫的不是阿那托里‧庫拉金,而是一個較重要的角色,那麼他很可能安排一場賭博,表示出他沒有賭徒劣根性;或者藉另一場合,表現他的安分,再在另一事件中看出他的慷慨大方,然後在引誘娜塔莎時,顯示對女色的愛好,讀者也是到這個時候,才突然覺得他也有重要之處。

換句話說,托爾斯泰避免直接的心理分析,而寧願將那具代表性的性格持點,逐一間接描寫。他安排各式場合,各種情況,日常生活小節,以及一些小史或趣事來表現這些性格特點。而他的每一部長篇小說中都總有成打重要人物,每個人都需要這許多素材,所以精密的觀察和安排能力是很必要的,而且我們因此可以看出,托爾斯泰小說結構的原素和陀斯妥也斯基不同。前者作品的原素不是故事情節,而是人物個性,是這些個性引出了情節,並影響它的發展。

## 六、歐茵西這位台大教授尤為重視托翁對人物 特徵的描寫,她說:

可是,這其中存在有一種危險性,讀者容易在這成群人分散各處的說明和描寫中,覺得難以有效把握各個人的特性。爲此,托爾斯泰使用了一種獨特的技法:予每個角色以持別標誌。這個角色一出現,他就重複強調,讓標誌經過十次、二十次、三十次的強調,那個標誌就發生顯著的作用,使讀者容易在眾多角色中認出某人來。這標誌可能與外型——耳朵、眼睛、鼻子、下巴有關,也可能與某一件事有關。在《戰爭與和平》中,托爾斯泰每在瑪麗雅上場時,強調她平庸臉龐上閃閃的眼睛和經常泛紅的雙頰;而皮埃爾的太太海倫‧庫拉金,大理石般的雙肩就是標誌。在《安娜‧卡列妮娜》裏,作者提到卡列尼時,必定也說起他那嘔喇作響的手指關節和長

而軟的耳朵。安娜給讀者的印象細白的皮膚和略略斜視的眼睛。托爾斯泰像個魔術師，可以隨時替每個人點出特徵的標誌，而加深角色個性的鮮明度和真實感。

也就是說，這種人物標誌的作用，不僅是外在的，也是內在的。因為托爾斯泰不願、也不擅長對內在的心理作直接描寫，只好藉外表的描摹，讓讀者作細膩的想像。譬如瑪麗雅閃亮的眼睛和經常泛紅的雙頰，代表她的善良和羞澀；卡列尼嘓喇作響的指頭，代表心靈的空虛；卡丘莎細白的皮膚，略斜的眼睛，以及常掛嘴邊的「妙！」，代表一個性感的女性。

### 七、最後，歐氏說明，托翁很注意保持個性一致的原則：

托爾斯泰還有一個原則和陀斯妥也夫斯基相反。後者專門描寫錯綜複雜的個性，分裂、軟弱、多變的人格，而托爾斯泰筆下的人，不論做什麼事，情節如何變化，他們始終忠於本質。《戰爭與和平》中尼古拉‧羅斯托夫在尚是年輕小伙子時，在上戰場時，在成為瑪麗雅的丈夫時，都是位正直、自然的人物，他的個性像是寫在額頭上，非常明顯。他妹妹娜塔莎也是如此，雖然她輕易忘卻少年時代的愛侶保里斯，崇拜安德烈‧保爾康斯基，不久又為風流倜儻的阿那托里所迷惑，最後卻傾心肥胖的皮埃爾，可是她純潔動人的氣質一直沒變。我們可以說，他的人物都相當「頑固」。陀斯妥也夫斯基就不同了，他書中的角色可以由於一條細心安排的線索，以任何一種或一句話，突然表現另一令人吃驚的新個性。而托爾斯泰緩慢進展的情節中，卻是在一再說明各角色前後一致個性而已。而且托爾斯泰偏愛心理正常、健康，而非陰沉、複雜、叫人難以理解的人，

所以他的作品不會像陀斯妥也夫斯基那樣緊張得像偵探小說。[22]

---

22 歐茵西《新編俄國學史》，第 158－文 166 頁，書林出版有限公司，1999 年。

# 第三章 托翁創作《戰爭與和平》的 思想淵源和生活根據

　　列夫‧托爾斯泰（1828-1910）是十九世紀偉大的思想家和藝術家，同時也是世界批判現實主義文學天地中最後一座最爲高大的山峰。在對全世界有巨大影響的俄國文學中，他是創作時間最長、作品數量最多、影響最深遠、地位也最崇高的作家。他是人類文化史上少數的巨人之一。托爾斯泰一生高齡 82 歲，創作時間長達半個世紀，其生平和創作都有漫長的發展過程，須要認真地做分析和評判。

## 第一節　托翁生平與創作的關聯

　　托爾斯泰的全名爲列夫‧尼古拉耶維奇‧托爾斯泰，有時也簡稱列夫‧托爾斯泰。作爲俄國的著名大作家，其特點是畢生都在探索「人生的真諦」。他本身和作品裏的主人翁常常會自我發問這樣的問題：「我是什麼人？」「我爲什麼活著？」因而他的創作過程，也是不斷在探索、思考這類問題，結果便是形成了其作品思想內容深刻，一向在尋求人生的哲理。他的思考有了一定程度的答案，即人活著是爲了他人，爲了上帝，尤其是爲了下層人民。這種想法到晚年甚至發展成「平民化」，即放棄貴族特權，投向平民階層。正是這一點競業的精神，構成了托爾斯泰美麗的人生。

　　托爾斯泰於 1828 年 8 月 28 日(舊曆)出生在一個貴族地主家庭，他的一生是充滿激情、充滿矛盾，及不斷探索、不斷追求的一生。

　　他自幼就熱愛勞動,在與農民和自然接觸中初步形成他自己的世界觀中某些重要的基礎。托爾斯泰在十八歲的時候,放棄在大學中繼續學習,回家致力於改善農民的生活,但因爲他自幼所受的教育以及身爲地主的身分,在主觀上與客觀上的實施上均是困難重重。十九世紀五十年代初期,托爾斯泰爲了深入了解人民的生活,毅然從軍參加高加索的戰役。同時,開始寫作小說《童年》使他一舉成名。在這個時期,他所創作的《一個地主的早晨》等作品中,提出了地主階級和農民之間的矛盾。

　　1857 年,托爾斯泰赴西歐考察,對西方文明中階級壓迫的黑暗面深惡痛絕,這種情緒表現在他的短篇小說《盧採恩》中。回國後,他致力於在他的雅斯納亞‧波良納莊園爲農民辦學,想以此來找到社會的出路,後來又爲了這個理念再次出國考察。

　　1861 年,農奴制度改革時,他因爲維護農民利益而遭到憲兵的搜查。在六十年代,托爾斯泰介於三十五歲到四十歲期間,基於自己對人民在歷史中的地位之思考,寫出了不朽鉅著《戰爭與和平》。而深刻地反應出俄國資本主義制度的形成與發展過程,同時也反映出作家自身思想的矛盾與發展的《安娜‧卡列妮娜》則是在七十年代中期寫成的。

　　托爾斯泰的世界觀被徹底轉變的時間是在八十年代他創作《復活》這部作品的時期,在這個時候,托爾斯泰毅然放棄他身爲貴族的地位,成爲俄國千百萬農民的代言人,誓與政府和教會爲敵。在這段時間,他除了《復活》之外,還寫出《黑暗的勢力》、《教育的果實》等作品,強烈地控訴黑暗社會,也表現出他在自己思想深處嚴肅的探索及深刻的矛盾。這時他的「托爾斯泰主義」如宗教教義般地傳遍各地,他已經是一位名揚全球的偉人,爲了貫徹自己的信念,他堅持自己進行耕種、製鞋、劈柴等體力勞動,但他卻不得

不生活在一個奢華的貴族地主家庭環境中，為此，他陷入一種難以
自拔的苦惱中，這一時期心靈深處痛苦的追求，反映在《克萊探奏
鳴曲》、《魔鬼》以及《謝爾蓋神父》等作品中，俄國一位反動文
人當時曾說：

> 我們有兩位沙皇，尼古拉二世與托爾斯泰。尼古拉二世對托
> 爾斯泰束手無策，托爾斯泰則能動搖尼古拉二世的寶座。[1]

　　1901 年，托爾斯泰被東正教教會開除教籍，但這只是更加擴大
他的影響力；1908 年全俄國對他八十誕辰的慶祝活動成為俄國各派
政治勢力的一場鬥爭。而聲名顯赫的托爾斯泰仍在自己內心進行著
激烈的鬥爭和不斷地探索。1910 年 10 月 28 日（舊曆），在經歷長
期劇烈的思想矛盾與家庭衝突後，托爾斯泰為了尋求思想的出路和
靈魂上的安寧，冒著風雪走出家門，數日後，客死在一個小火車站
上，享年八十二歲。這位複雜而單純、現實又浪漫的偉大人物，就
此結束他的一生。

　　在托爾斯泰全部作品中，《戰爭與和平》、《安娜·卡列妮娜》、
《復活》、是三個里程碑，也是他的三部代表作。

## 第二節　前期，在寫作《戰爭與和平》時的思想與創作

　　五十至七十年代是他創作的前期。1852 年他發表第一部作品《童
年》開始了文學活動。這部小說和後來的《少年》(1854)、《青年》
(1857)合成自傳性的三部曲，體現了他早期的思想探索。三部曲描寫

---

1　轉引自李明濱《托爾斯泰的戰爭與和平》，見《世界文學名著選評》第 1 集，江西
　人民出版社。

貴族少爺尼古連卡從童年到青年的成長過程。尼古連卡從童年開始就顯出崇敬誠實樸素的家庭教師，反對在家中人與人之間講究地位、不平等對待的習氣。他也習慣於同情弱小者，反對強權者，並且在生活中付諸實行。從總體來看，尼古連卡一方面沾染了崇尙虛榮的惡習，接受了貴族階級的一些偏見，另一方面更看到這個階級的虛僞與自私。他從青年時期就開始洗滌自己的靈魂，追求「人生的真諦」。作品從道德的角度揭露貴族社會而引起反響。中篇小說《一個地主的早晨》(1856)也具有某些自傳性成分。它描寫青年地主聶赫留朵夫從「博愛」出發，爲農民蓋房子，實行減役減租，發放簡易農耕機械供農民使用。他想用這類辦法把農民從貧困中拯救出來，終因得不到農民的信任而失敗。

反映克里米亞戰爭的《塞瓦斯托波爾故事》(1855-1856)使托爾斯泰獲得了聲譽。他用俄國士兵的勇敢去對照貴族軍官的腐敗，以表現他對貴族社會的不滿。同時，他贊揚士兵的愛國精神。他因這部作品心理描寫方法的新穎而被著名評論家車爾尼雪夫斯基譽爲「心靈的辯證法」。

1855 年末，托爾斯泰前往彼得堡，認識了《現代人》雜誌的主編涅克拉索夫等一些進步作家。1857 年，他發表短篇小說《盧塞恩》。這是他根據旅行西歐時在瑞士風景區盧塞恩的見聞寫成的。小說譴責了英國紳士們對一個流浪歌手的欺凌。作者認爲，資產階級的文明和理性都是虛僞的。但他在批判資本主義的同時，也全盤否定了資產階級帶來的進步。

從以上作品可以看出，托爾斯泰從創作活動一開始，就敏銳地注意到俄國社會裏上層與下層、地主與農民、貧與富之間存在著矛盾和尖銳的對立。他既對貴族階級的寄生和腐朽表示不滿，又憎惡資本主義社會的「文明」。但是他想靠「世界精神」使人們「互相親

近」，使矛盾變為「無限的和諧」。卻是無法實現的幻想，因為貴族壓迫平民那種殘酷的現實是托爾斯泰無法改變的。掌權者是不會輕易放棄權力的，這一點使托翁思想陷於極度痛苦，一生都無法解脫。

五十年代末、六十年代初，環繞著農奴制問題的鬥爭日趨尖銳。托爾斯泰同革命民主派發生了嚴重分歧。車爾尼雪夫斯基等主張發動農民起義，推翻專制農奴制度。托爾斯泰反對這種革命觀點。1860年，他同屠格涅夫一起退出了涅克拉索夫主持的進步雜誌《現代人》。不過 1861 年的農奴制改革使他大為失望。他說，「沙皇政府的農奴制改革除了許諾以外，別無他物」。他在擔任地主和農民之間的調解人時，「對農民表現了特別的偏袒」，引起保守派貴族的「切齒痛恨」。1862 年，他的家受到政府搜查。

改革以後，他認為當務之急是在農村推行啟蒙工作。因此，他在他的莊園中興辦小學，發行教育雜誌《亞斯納亞·波良納》(1862-1863)。1863 年他發表中篇小說《哥薩克》，描寫貴族青年奧列寧拋棄城市的安樂去高加索從軍，決心同哥薩克一起過樸素的山民生活。但不久他在同一個哥薩克姑娘的戀愛事件中暴露了他的自私本性，為山民們所鄙棄，只好重返城市。作者把山民生活理想化，希望貴族青年脫離上層社會，返回自然。實現當時啟蒙主義思想家們所嚮往的「返樸歸真」的理想，作者也是厭惡城市文明的。這說明作者對貴族階級不滿，但又無可奈何，只好訴諸一種脫離現實的理想境界。奧列寧這個現象，同作者已往的自傳性作品中的主人公一樣，體現了托爾斯泰對於俄國社會問題和貴族出路問題的痛苦探索。

1863 年起，托爾斯泰停止辦學，埋頭於文學創作。六十和七十年代，他接連寫出兩部長篇鉅著《戰爭與和平》(1863-1869)、《安

娜・卡列尼娜》(1873-1877)。

《戰爭與和平》以 1812 年俄法戰爭為中心，從 1805 年彼得堡貴族沙龍談論對拿破崙作戰的事寫起，中經俄奧聯軍同拿破崙部隊之間的奧斯特里茨戰役、1812 年法軍對俄國的入侵、鮑羅金諾會戰、莫斯科大火、法軍全線潰退，最後寫到 1820 年 12 月黨人運動的醞釀為止。全部以保爾康斯基、別祖霍夫、羅斯托夫和庫拉金四個豪族作主線，在戰爭與和平的交替中，展現了當時社會、政治、經濟、家庭生活的無數畫面；描繪了五百五十九個人物，上至皇帝、大臣、將帥、貴族、下至商人、士兵、農民；反映了各階級和各階層的思想情緒；提出了許多社會、哲學和道德問題。

小說揭露和譴責了宮廷官僚和上層貴族的腐敗。但是托爾斯泰並沒有否定整個貴族階級。他竭力歌頌羅斯托夫一家那種溫情脈脈的莊園貴族的品德和保爾康斯基一家那種忠貞為國的老貴族的古風。他還著意塑造了兩個理想的貴族青年形象－安德烈・保爾康斯基和皮埃爾・別祖霍夫。安德烈・保爾康斯基出身名門，但他鄙視上層貴族的庸碌，決心靠戰功以成就自己的功名。皮埃爾・別祖霍夫嚮往理想的道德生活。在戰爭中，他同情人民的苦難，企圖刺殺拿破崙，被俘後，受到宿命論思想的農民普拉東・卡拉塔耶夫的啟示，形成了順從天命、愛一切人的世界觀。後來他和羅斯托夫家的娜塔莎結成美滿幸福的家庭，最後他參加秘密團體的活動，接近了十二月黨人式的叛逆思想。作者通過這兩個人物著重宣揚的是「為上帝而活著」、「愛一切人」的道德觀。

小說很注意描寫人民群眾，贊揚他們在抗擊法軍入侵時的愛國精神。士兵的高昂鬥志，農民在在游擊戰中的英雄行為等等，都被刻畫得細致而生動。托爾斯泰認為，決定戰爭勝負的是人民群眾的情緒，而不是帝王將相。

　　《戰爭與和平》顯示，作者意圖從歷史上去尋求俄國社會問題的答案，他寫的是歷史故事，要解答的卻是現實問題。其結論即是：靠貴族中的優秀者，或尙未腐敗的人物，與平民聯合在一起來拯救俄國，使它免於潰敗和衰亡。

　　《安娜‧卡列尼娜》的問世，是托爾斯泰的創作新進展的標誌。起初，他只打算寫一部家庭生活小說，敘述一個已婚女子的不貞和由此產生的悲劇。但七十年代俄國資本主義的急劇發展，造成社會的大動盪。這引起作者的注意，促使他擴充了原來的構思，引進了廣泛的社會生活內容，提出很多迫切的問題。用托爾斯泰借書中一位主要人物列文之口說出的一句話：「現在在我們這裏，一切都翻了一個身，一切都剛剛開始安排。」可以最恰當的說明 1860 至 1905 年這個時期。那翻了一個身的東西，就是農奴制以及整個「舊秩序」而那剛剛開始安排的東西，卻是托爾斯泰極不願意看到的資產階級制度。

　　小說由兩條平行而又互相聯繫的線索構成。一條是貴族婦女安娜，她由於對她的丈夫，大官僚卡列寧不滿，愛上了花花公子渥倫斯基，並和他同居，她的行爲遭到貴族社會的鄙棄，後來她又受到渥倫斯基的冷遇，終於在痛苦和絕望中臥軌自殺。圍繞著安娜對愛情的追求，作者對上流社會、官僚貴族作了暴露性的勾畫。另一條線索是外省地主列文和貴族小姐吉提的戀愛、波折、終成眷屬的故事。作者通過列文對事業和生活道路的探索，廣泛描寫了農奴制改革後的地主、農民、新興資產者、商人階層。

　　安娜是一個追求資產階級個性解放的人物。她不願過互相欺騙、沒有愛情的家庭生活。她爲了自己的幸福離家出走，但是爲上流社會的虛僞道德觀所不容。忠於封建操守和追求個人幸福這兩種思想，在她心裏形成激烈的衝突。結果她在「一切全是虛僞」的慨歎

中，在「上帝，饒恕我的一切」的哀號中死去。安娜的悲劇是對封建貴族社會暴露和抗議。

作者托爾斯泰對安娜的態度是雙重的。他一方面同情她的不幸，揭露那逼死她的貴族社會的荒淫和虛偽；另一方面，他又強調安娜是爲「情慾」所支配，破壞了家庭的和諧，也毀滅了她自己。在托爾斯泰看來，家庭關係是宗法制度的基礎，是神聖不可侵犯的，只有夫妻相愛，長幼相親，才能給整個社會帶來幸福。正因爲安娜追求個人幸福而使家庭成員蒙受犧牲，從而違反了「愛」的教義，作者才讓她飽受折磨，並使這一形象蒙上一層罪人的色彩。他認爲安娜應當受譴責，但是上流社會比她更壞，根本不配懲罰她，只有上帝才是真正的裁判者。托爾斯泰借安娜的悲劇無情地撕破了上層貴族道貌岸然的假面具。

其中另一位主要人物列文體現了托爾斯泰的理想，代表她這一時期的思想特點。列文是一個貴族地主，他贊揚自給自足的農村，憎恨都市文明，看不起那些「用二十個戈比就可以買到農奴的資產者」，反對地主採用西歐方式經營田莊。但他又不能不看到俄國農奴制崩潰、資本主義成長的事實。爲了挽救貴族地主的沒落，他實行農事改革，把自己的莊園當作使俄國避免資本主義的試驗場。他主張地主參加部分勞動，農民參加部分管理，以誘使農民更多地幹活。照他的說法，這樣「農民好一些，我們的利益也就多一些」，也就能保持地主土地所有制。但他的改革還是失敗了。他感到絕望，只好在「博愛」中尋求精神平靜，終於皈依宗教。從列文的形象可以看出，托爾斯泰後期的某些農民觀念這時已開始形成。

# 第三節　後期，在寫作《戰爭與和平》後思想與創作的發展

　　十九世紀八十年代初，是托爾斯泰創作後期的起點。這時，俄國的階級鬥爭又趨激烈。農民在「農奴制改革」瀕於破產，又遇上連年歉收，成千上萬人死於飢餓與瘟疫。農民被迫奮起抗爭。農民運動與新起的工人運動相會合，再一次形成革命形勢，喚起了托爾斯泰的注意。他在 1878 年就感到，民粹派薇拉・查蘇里奇刺殺彼得堡總督事件是「革命的先兆」。他本人也加緊社會活動，遍訪大教堂、修道院，同主教、神父談話，出席法庭陪審，參觀監獄和新兵收容所，調查城市貧民區等，這一些使他更加認清專制制度和剝削階級的腐朽，引起了他的世界觀的劇變。他在《懺悔錄》(1879-1881)裏說：「1881 年這個時期，對我來說，乃是從內心上改變我的整個人生觀的一段最為緊張熾熱的時期」，又在日記中寫道「我棄絕了我那個階級的生活」就出身和所受的教育來說，托爾斯泰是屬於俄國上層主義地主貴族的，但是他拋棄了這個階層的一切傳統觀點，轉到宗法制農民的觀點上來了。

　　托爾斯泰轉變後的世界觀仍然包含著顯著的矛盾，既有強有力的一面，又有極軟弱的一面。強有力的方面是「他在自己的晚期作品裏，對現代一切國家制度、教會制度、社會制度和經濟制度作了激烈的批判」[2]，達到「撕下了一切假面具」的「最清醒的現實主義」[3]成為一個「強烈的抗議者、激憤的揭發者和偉大的批評家」，而托

---

2　列寧：《列尼・托爾斯泰和現代工人運動》。《列寧全集》第 16 卷，第 330 頁。

3　列寧：《托爾斯泰和農產階級鬥爭》、《列寧全集》第 16 卷，第 352 頁。

爾斯泰的軟弱方面，則是他鼓吹「不以暴力抗惡」、「道德上的自我完善」、「博愛」等托爾斯泰主義。

托爾斯泰在《懺悔錄》、《那麼我們應當作麼辦?》(1886)及《宗教神學批判》(1880)中，在劇本《黑暗的勢力》(1886)和《教育的果實》(1886-1889)中，都表達了他轉變以後的觀點。

其中不少作品是用宗法制農民的觀點來看社會人生的。有的作品對黑暗社會做出抨擊。像《黑暗的勢力》寫一個雇工由於貪財而殺了情婦的丈夫和嬰兒，但受到篤信基督的父親開導，終於懺悔、認罪。說明金錢是腐蝕農民心靈的「黑暗勢力」，只有農民純樸的道德才能克服之，使農民避免現代文明社會的負面影響，即為追求金錢而墮落。

他最後一部長篇小說《復活》(1889-1899)最充分地反映托爾斯泰後期世界觀的矛盾。他起初的構思是以一件訴訟案為基礎，寫一本道德教誨小說。但在十年創作過程中，他數易其稿，主題前後迥異，最後寫成一本表現尖銳的階級對立、政治意義很強的社會問題小說。

《復活》寫貴族青年聶赫留朵夫誘奸了農奴少女卡秋莎·瑪絲洛娃，隨後遺棄了她，使她備受凌辱，淪為娼妓，最後又被誣告犯殺人罪而下獄，並判處流放西伯利亞。聶赫留朵夫作為陪審員在法庭上與她重新見面，受到良心譴責，決定賠罪，為她奔走伸冤，上訴失敗後又陪她去流放。他的行為感動了瑪絲洛娃，使她重又愛他。但她為了不損害他的名譽地位，終於同一個「革命者」結婚。通過這些情節，作者反映了兩個主人翁在精神上「復活」。

又如短篇小說《舞會以後》(1903)揭露沙皇政府蹂躪少數民族的暴行，更是令人髮指。從而使小說也成為名篇。作品的主人翁伊凡在思想感情上經歷了兩次昇華。第一次在舞會上，他對上校軍官的愛女瓦蓮卡的感情由傾慕，漸至熱戀，直到陶醉。愛情鼓勵他向上，

達到高尚境界，不但自己向善，而且擴大愛的範圍，也要愛女友的父親，即那位笑容可掬的上校，還要愛一切人，用他的話來說，就是「用愛擁抱世界」。

然而舞會以後，情節陡轉，他的心情急轉直下。這是由於看到瓦蓮卡的父親，即那個在舞會上如此慈祥的上校，跳完舞以後還赴操場，親自指揮「夾鞭刑」的慘景。那種酷刑的方法，就是把一名韃靼族士兵，脫去上身的衣服，由人架著從排成兩列的士兵隊列中通過，令兩邊士兵依次用棍棒擊打其赤裸的後背，把那名士兵打的鮮血淋漓，慘不忍睹。主人翁描述他恐怖的印象：

　　這是一個斑斑駁駁的、紫紅色的、奇形怪狀的東西，我簡直不敢相信這是人的軀體。

上校那劊子手的真面目使主人翁心目中的「愛」的世界傾刻崩毀。他由強烈的愛轉為極度的憎，既憎惡上校，也不再愛其女兒瓦蓮卡了。他懂得了花田錦簇掩蓋下的那個社會是畸形和醜惡的。於是他的思想感情出現了第二次昇華。這一次是沿相反的方向：由極愛轉向極憎，達到了理性的認識社會、認清社會，終於決心不再與那個社會同流合污。他「不像原先希望的那樣去服軍役了」，不但沒有去擔任軍職，也沒有在任何地方供職了。

如果說第一次思想感情昇華能理解的社會人生是虛假的，那麼第二次昇華能認識的社會現實就是真實的了。作品緊扣事件在人物內心引起的波瀾，比單純描述酷刑的慘象會更令人受震撼，也使人深一步體會到托翁「心靈的辯證法」之手法，感受其力度和特點。

小說揭露了法庭、監獄和政權機關的黑暗，以及官吏的昏庸殘暴和法律的反動。在堂皇的法庭上，一群執法者各有各的心事，隨隨便便將瑪絲洛娃判刑。接著，在主人公上訴的過程中，作者又進一步鞭打了高官顯宦：國務大臣是個吸血鬼，樞密官是蹂躪波蘭人的

罪魁，要塞司令隻手沾滿起義農民的鮮血，副省長經常以鞭打犯人取悅。托爾斯泰憤怒地控訴道：人吃人並不是從原始森林裏開始，而是在各部會、各衙門裏開始的。他並且一針見血地指出法院的階級實質：

> 法院無非是一種行政工具，用來維護對我們階級有利的現行制度罷了。

小說又撕下了官辦會的「慈善」面紗。神父們貌似正經，實際是為了多撈得「一筆收入」。獄中做禮拜的場面令人毛骨悚然，「饒恕我！」的祈禱聲竟和囚犯的鐐銬聲響成一片。作者激憤地揭發，專制政府殘害人民的暴行是直接得到教會支持的，教會不過是沙皇的另一種統治工具。因此，不但書中的這類描寫被審查機關砍掉了許多，而且作者本人也被開除了教籍。

本書比托爾斯泰過去的任何作品都更為深刻地指明了農民貧困的根源是地主土地佔有制。農村滿目荒涼，民不聊生，主要原因是，唯一能夠養活他們的土地，卻被地主從他們手裏奪去了。因此，作者代表俄國農民發出沉痛的呼籲：

> 土地不能成為任何人的財產，它跟水、空氣、陽光一樣，不能買賣，凡是土地給予人類的種種好處，所有的人都有同等的享受權。4

同時，小說裏也有許多負面的內容。主人公聶赫留朵夫和瑪絲洛娃通過「懺悔」和「寬恕」，走向精神上和道德上的「復活」，使「人性」由喪失到復歸；在這裏，作者宣揚了他「不以暴力抗惡」、「道德上的自我完善」、「愛的宗教」等的「托爾斯泰主義」。在

---

4　楊周翰、吳達元、趙夢蕤主編《歐洲文學史》下冊 343－356 頁，人民文學出版社，1979 年。

小說結尾，他甚至宣傳「愛仇敵，幫助敵人，為仇敵效勞」的教義。

　　1905 年革命前夕，托爾斯泰寫了中篇歷史小說《哈吉穆拉特》（1904），抨擊沙皇軍隊和政府的暴虐專制。小說以揭露沙皇政府對少數民族的暴政為主題，更為具體地針對沙皇尼古拉一世的橫暴。書中寫到，尼古拉一世這位俄國末期的沙皇荒淫無恥，專橫愚蠢，是一個「殘忍的、瘋狂的、不正當的最高統治者」，殘酷鎮壓高加索少數民族。小說同時寫到沙米爾領導的民族解放運動恰好是反對沙皇政府侵略的。不過，哈吉一穆拉特這個少數民族的代表人物比較複雜，他身上有托翁所欣賞的自然、樸素、豪爽、真誠和生氣勃勃的特點，最終卻背叛了民族解放運動。拿他同那些誓與俄國沙皇政府的入侵者拼到底的眾多山民相比，哈吉一穆拉特的死當然不值得同情。所以主人翁的死使作者聯想起牛犁過田的地裏被車軋倒的一棵牛蒡花。托翁以此來表示自己的態度，即置之不理。不過，作品的重心仍在於暴露沙皇政府的凶殘，抨擊沙皇軍隊的橫暴。

　　1905 年革命後，他既否定這次革命，又反對平反動政府派對革命者的鎮壓。晚年，他千方百計要擺脫貴族的特權生活，放棄私有財產，堅決走「平民化」的道路，終於在俄曆 1910 年 10 月 28 日夜棄家出走，11 月 7 日病逝在一個小火車站上。

　　托爾斯泰繼承了俄國和西歐批判現實主義的優良傳統，並善於創新。包括他的長篇小說《戰爭與和平》、《安娜·卡列妮娜》和《復活》三部代表作品在內的全部創作都含有豐富的生活內容，涉及大量哲理、道德、宗教和歷史問題，藝術表現領域極為廣闊。他擅長深刻細緻的心理描寫，尤其善於刻畫人物思想感情的產生和變化，使形象躍然紙上，栩栩如生。他的語言精確、鮮明，能夠表達事物的特徵和本質。但是，有時托爾斯泰的說教損害了他的藝術形象和作品的合理性。

# 第四章 《戰爭與和平》的主題思想及其體現

　　《戰爭與和平》（作於 1863－1869）給俄國文學增添了新的光彩。小說宏大的藝術結構，描寫生活廣泛深入，人物形象生動豐滿，給人留下了很深的印象，引起了強烈的反響。俄國作家幾乎公認托爾斯泰爲文壇盟主。[1]

　　國外作家則公認托爾斯泰爲名滿於世界的偉大作家。著名法國作家福樓拜讀了《戰爭與和平》之後，對托爾斯泰贊歎道：「這是莎士比亞，是莎士比亞！」[2]

## 第一節　作品的主題思想：喜愛人民

　　托爾斯泰說過：「爲了作品的美好，就必須喜歡其中主要的基本的思想。因此，在《安娜·卡列尼娜》裏我喜歡家庭的思想，在《戰爭與和平》裏我喜歡人民的思想。」《索·安·托爾斯婭日記》裏這一段話可以幫助我們了解和掌握《戰爭與和平》的主題思想：肯定和贊揚俄羅斯人民在衛國戰爭中表現出來的愛國和樂觀的精神。

---

1　參見屠格里夫：《列·托爾斯泰＜兩個驃騎兵＞法譯本序言》，見《俄國作家托爾斯泰》，第 230 頁。

2　引自李明濱《托爾斯泰的＜戰爭與和平＞》，見《世界文學名著選評》，第 1 集，1979 年。

俄國在 1853－1856 年克里米亞戰爭中遭到慘敗，充分暴露了沙皇專制與農奴制的腐朽，社會矛盾更加劇烈了。50 年代的社會問題促使他聯想到世紀初，即 1812 年衛國戰爭年代那種舉國團結、上下一心抗亂的興旺場景，體悟到關鍵在於人民，只有人民的支持，大家同心協力，社會才有希望。因而托翁決定充分表現人民在歷史上，在戰爭中的作用。

《戰爭與和平》反映了從 1805 年到 1820 年十二月黨人起義以前整整一個歷史時代，主要描寫 1805 年和 1812 年俄國在國外及本土與法國的拿破崙的幾次重大戰役，俄國人民的生活。作者通過戰爭場景與和平生活的交替，廣闊而深刻地描繪出了俄國社會、經濟、文化、婦女等種種的社會問題。全部的重點是歌頌 1812 年俄國人民反對拿破崙侵略的衛國戰爭。這場戰爭決定著小說中所有人物的生活和命運。

# 第二節　體現之一：歌頌人民反抗拿破崙侵略戰爭的正義性

戰爭分為正義和非正義的兩種，並非一切戰爭都值得歌頌。如若歌頌非正義的戰爭，就會變成沙文主義。而只有正義的戰爭才應該歌頌。況且，戰爭的性質——正義的還是非正義的，決定著戰爭的勝敗。這是托爾斯泰的戰爭觀，也是《戰爭與和平》的基本思想。從這點出發，托爾斯泰把看來有聯繫，而就性質來說截然不同的兩場戰爭——1805 至 1807 年戰爭和 1812 年的戰爭，對比地進行了描寫。前後兩次戰爭差別大，涇渭分明。

前一次：為了突出反抗拿破崙侵略戰爭的正義性，托爾斯泰在《戰爭與和平》的裏頭，描寫了 1805 至 1807 年間沙俄政府派兵在西歐進行戰爭，指出了它的非正義性及其失敗的必然性。

在 1805 年 10 月，俄國的軍隊駐紮在奧地利大公國的許多鄉村和城市裏……騷擾著那一帶的百姓。[3]

安德烈·保爾康斯基跑到面頰受傷的庫圖佐夫跟前問道：「您受傷了？」總司令用手帕按住受傷的面頰，指著敗陣逃跑的士兵說：「傷不在這裏，傷在那裏！」[4]托爾斯泰以其清醒的現實主義手法描摹了戰爭中的軍事場面和人物的心理活動，使讀者清楚地看到：人民不想佔領別國的一寸土地，也不願為沙俄政府的侵略戰爭去充當炮灰。

後一次：1812 年的衛國戰爭則完全不同。拿破崙大舉攻擊俄國，全體人民奮起抗擊侵略，保衛祖國，捍衛民族尊嚴。他們明白，拿破崙的侵略不止是對俄國人民的犯罪行為，同時也是對「人類理智和人類本性」一次嚴重的踐踏。獲得反侵略戰爭的徹底勝利，將成為俄國民族史上光輝的一頁。為突出反侵略戰爭的全民性、正義性，托爾斯泰處處強調人民群眾在歷史中的作用。從 1812 年法國入侵俄國起，經過鮑羅金諾大會戰、莫斯科撤退和大火，到俄軍反攻，直至把拿破崙侵略軍趕出俄國本土，在小說中始終像一條紅線貫穿著一個思想，即人民是決定歷史過程的力量，是決定戰爭勝敗的基本因素，而個別的帝王將相只不過是「歷史的奴隸」‧‧‧

要使拿破崙和亞歷山大的意志得以實現似乎那事件是這兩個人決定的，就必須同時具備無數的條件，這些條件中少掉一個，事件便不能發生。這幾百萬人（真正的力量在他們的手裏），這些持槍的、運送給養和大炮的兵士們，必須同意去執行這些個別的無力的

---

3　《戰爭與和平》上冊，第 183 頁，草嬰譯，貓頭鷹出版社，2000 年。

4　《戰爭與和平》上冊，第 406 頁，草嬰譯，貓頭鷹出版社，2000 年。

人的意志……5

庫圖佐夫代表了人民的意志,按照民族的需要肩負起指揮這場戰爭的重任,所以他能戰勝強大的敵人;拿破崙掌握重兵,來勢迅猛,而且取得了節節「勝利」,但是他違背民意,不得人心,最後也只能落得個一敗塗地。

## 第三節　體現之二:
## 塑造普通人民的英雄形象

《戰爭與和平》突出地反映了 1812 年衛國戰爭的人民性。作者生動而廣泛地描寫了人民群眾的游擊戰爭,指出:凡是在人民群眾有真正的愛國熱情的地方,就會出現不拘一格的,破除任何清規戒律的人民戰爭,就會產生意想不到的人間奇跡。在祖國生死存亡的關鍵時刻,整個民族將奮起抗擊侵略者。他們根本無須了解法國人的戰術原則,對俄國上層社會權貴們的斥責也嗤之以鼻,順手拿起棍棒,「舉起來,打下去,打擊法國人,直到侵略者全軍覆沒。」6杰尼索夫和陶洛豪夫充分懂得游擊戰爭的意義,他們通過「這次在一切所知戰爭中規模最大的戰爭」,賦予了游擊戰術以合法地位。他們根本不需要「官方的承認」,也不管將如何或是否能載入史冊。7

托爾斯泰認為,決定戰爭勝負的不是軍隊的數量和武器,而是士兵的「戰鬥願望」,是全體人民的愛國精神。波克羅夫斯克村農民季洪,謝爾巴泰主動參加游擊隊,英勇抗擊法國侵略者。他一個人用矛槍和斧頭消滅了二十來個「強盜」,嘴裏還不停地、豪邁而幽

---

5　《戰爭與和平》中冊第 852 頁,草嬰譯,貓頭鷹出版社,2000 年。

6　《戰爭與和平》下冊第 1401 頁。

7　《戰爭與和平》下冊第 1401 頁。

默地叨念著：「外國佬，我們只是跟那些傢伙逗著玩。確實有二十來個外國佬被打死，但我們沒有幹壞事……」[8]小說中真正主人公的藝術形象是俄羅斯人民，而作者正是通過戰爭的描寫來主要地揭示人民的性格。民族存亡的關頭最能檢驗一個人對祖國的態度，考驗出一個人的性格。我們在小說裏看到，來自下層人民中的英雄有著高尚的優秀品質。在申·格拉本戰役中已經出現下層人民的英雄形象。土申上尉「身材矮小，有點駝背」，其貌不揚，是個行伍出身的下級軍官。他爲人謙和，跟士兵朝夕相處，過著同樣的生活，遇見上級時顯得畏怯，敬禮時都沒有軍人的風度，只是笨拙地把三個手指貼在帽沿上。但是在戰場上，當大批貴族出身的軍官扔下自己管轄的部隊，倉惶後撤時，這個平凡的人卻指揮他的炮隊在毫無掩護的情況下堅持戰鬥，以極爲懸殊的兵力擋住強敵的進攻。「法軍萬萬想不到四尊完全沒有掩護的大炮能那麼大膽地進行射擊。」[9]

不但軍隊裏的士兵，而且普通老百姓都奮起爲保衛祖國而戰。這裏出現了許多動人的事跡。斯摩棱斯克的商人菲拉旁托夫在城市即將被佔的時候，毫不猶豫地燒毀了自己的店鋪，農民們也誓不爲侵佔莫斯科的侵略者出力，「當法國人出了很高的價錢購買乾草時，他們都把它燒掉了，絕對不肯運入莫斯科。」[10]法軍佔領莫斯科前夕，俄軍統帥部作出撤離該城的決策，人民理解這一痛苦而艱難的決定，終於積極響應，實行了堅壁清野的壯舉。

全體居民都扔掉自己的財產，從莫斯科一湧而出，用這個消極行動來表明他們極爲深厚的民族情感。」而且「在莫斯科所發

---

8　《戰爭與和平》下冊，第 1414 頁。

9　《戰爭與和平》上冊，第 291 頁。

10　《戰爭與和平》下冊，第 1148 頁。

生的事情……在斯摩棱斯克以及俄國的一切城市,在鄉村中也都發生了……。」11

正是這種不當侵略者的順民的「消極行動」產生了積極的效果。誰也不同敵人合作,誰也不怕打瓶瓶罐罐,把一切都帶走或者毀掉。結果,敵人得到的只是一座空城、死城,它的全部給養無法就地取得,只能靠千里迢迢從本國運來,幾十萬法軍就是這樣在天寒地凍的俄國境內被拖垮了,這再好不過地說明了這場衛國戰爭的人民性。

人民的愛國熱情還表現在他們自動組織了游擊隊,突出地描寫了游擊隊在戰爭中的重大作用,並且刻畫了許多游擊隊員的英雄形象。這裏有英雄的游擊隊長華西里‧杰尼索夫,有遠近聞名的農民游擊隊員季洪‧謝爾巴泰;一個教堂執事率的一支游擊隊,在一個月之內俘擄了法軍數百名;一個村長的妻子瓦西里薩就殺死了幾百個法國兵。總之,游擊隊同俄軍相呼應,使法軍處於腹背受敵的境地,「游擊隊員們把那支龐大的軍隊一點一點地消滅掉了」。12拿破崙曾一再埋怨俄國人打仗違反常規,俄國上層社會也覺得農民用棍棒打仗有失體面,甚至是一種恥辱。但是托爾斯泰看出了游擊戰的意義,他滿懷激情地贊頌道:

> 人民戰爭的大棒還是威風凜凜的舉了起來,也不問合不合人家的口味和規則,動作粗魯,目標明確,不顧三七二十一地舉起來,打下去,打擊法國人,直到侵略軍全軍覆沒。13

小說通過藝術描寫,把後方,包括敵後鬥爭同前線戰鬥交織在一起,完整地反映了人民戰爭的宏偉規模,體現了人民反侵略戰爭必

---

11　《戰爭與和平》下冊,第 1148 頁。
12　《戰爭與和平》下冊,第 1401 頁。
13　《戰爭與和平》下冊,第 1401 頁。

勝的規律。

　　戰鬥的結果也證明是人民決定一切。例如：保衛莫斯科的鮑羅金諾戰役，它是整個抗法戰爭的轉折點。從表面上看，這場惡戰使雙方遭受了巨大的損失，特別是俄軍犧牲更大，死了 5 萬人。按作者的描寫，戰前雙方的兵力是 5：6，俄軍 10 萬對法軍 12 萬。戰鬥結束後，雙方兵力降為 1：2，即俄軍 5 萬對法軍 10 萬了。而且由於俄軍兵員損失過半，法軍得以長驅直入佔領莫斯科，俄國方面似乎失敗了。可是作者深刻揭示：關鍵在民心和士氣，在俄軍精神上的優勢，士兵們理解這次戰役事關國家的前途，都同仇敵愾，沉著應戰。戰鬥之前，他們自動不飲酒，都換上乾淨的衣服，等著反攻這一莊嚴的時刻。一個普通士兵的話可以說代表了全民族的決心，他說：

> 不光是兵呢，我今天也見過農民···農民——連他們也去了，現在不分彼此了···他們全都起來同敵人拚命，總而言之，為了莫斯科，他們要拚到底了。[14]

　　所以戰鬥結束後，俄軍雖然損失慘重，卻是威儀未減，仍能有秩序地部署撤退。相反法軍雖然佔了城池，但在鮑羅金諾受的致命傷，倒成為它失敗的起點。

---

14　《戰爭與和平》中冊，第 1051 頁。

## 第四節　體現之三：以民意爲尺度來 褒貶戰爭的統帥和貴族

　　托翁總是以民意爲尺度來描繪軍隊的司令和掌握權勢的貴族，根據他們對待民意的態度來實行褒貶。還可以分爲兩個層面來看。

　　一個層面是看兩軍的統帥。俄軍統帥遵從民意，小說就加以贊揚。法軍首領違背民意則遭受作者的譴責。

　　托翁認爲歷史和歷史事件是人民創造的，他在書中反駁了「個別英雄」創造歷史的觀點，明白宣告：「爲了研究歷史法則，我們應該完全改變觀察的對象，放棄皇帝、大臣和將軍們。」[15]由此他把俄法兩軍的統帥塑造成代表人民或反對人民這兩種傾向的人物。庫圖佐夫被描寫成爲真正的人民戰爭的統帥，俄羅斯人民精神的體現者，他和人民息息相通，一切行動以人民爲念。

　　　　我們難以想象這樣一個人物，他的活動是那麼不變地、經常地向著同一的目標。我們難以想象一個更崇高、更符合全民意志的目標了。[16]

　　因此，他也能正確地理解事變的過程，適時地作出決斷，例如在對鮑羅金諾戰役，庫圖佐夫密切注意士氣，傾聽士兵的報告，謹慎周密地部署兵員和作戰計劃，顯出是一個善於指揮，對戰鬥起巨大作用的統帥。又如在菲里村軍事會議上，他能體會人民的意志，不顧許多將軍們的反對，爲挽救俄國、爲保存俄國軍隊的有生力量，不採用硬拚的魯莽辦法，毅然作出放棄莫斯科的決定，是人民的情緒和願望使他有這樣的膽略和遠見。與此相反，托爾斯泰對拿破崙

15　《戰爭與和平》中冊，第1138頁。
16　《戰爭與和平》下冊，第1470頁。

特別不能容忍，把他作爲諷刺和揭露的對象。在托爾斯泰筆下，他不但是一個侵略者，而且是一個靠犧牲人民生命向上爬的野心家。作者直接了當地譴責他「扮演了人類劊子手的角色」。[17]

另一個層面是看掌握權勢的貴族階層，特別是居於高位和處於社會上層的大貴族，他們往往影響著社會的風氣和發展的方向。是綜合民意、保衛民族利益，同人民一起抗戰的，小說便贊揚，從各方面加以描述和肯定。相反，不顧人民利益，只經營私利而把民族命運置之度外的，都遭到作者的揭露和鞭撻。

正是如此，托翁在《戰爭與和平》裏把貴族分成兩類：京城宮廷貴族和莊園貴族。作者有力地揭露了宮廷貴族的假愛國，真背叛，他們脫離人民喪失民族氣節，爲了表示自己有「教養」，甚至不講俄語而講法語；在祖國生死存亡的緊要關頭，他們不但不去保衛祖國反而想方設法大發國難財；整個上流社會「照常那樣會客和舉行舞會，照常去看法國歌劇，照常那樣對宮廷感興趣，照常那樣追逐官職，耍陰謀」，對祖國的命運漠不關心。

與此相反，莊園貴族，例如保爾康斯基一家則接近人民，繼承了民族固有的文化傳統，具有愛國心。保爾康斯基公爵雖然老邁衰弱，卻認爲不應該拒絕皇帝親自任命的職務，去當全俄民團總司令，終因指揮民團操練時心臟病發作，墜馬而去世。但這位老保爾康斯基在送別兒子出征時滿懷愛國心說：

> 記住···假使你被打死了，我老人要覺得痛心的···假使我知道你的行爲不像尼古拉·保爾康斯基的兒子，我會感到···丟臉！

臨終他還爲祖國的命運擔憂，爲俄國在戰爭開始的幾個月所遭到

---

17　《戰爭與和平》，中冊，第 1127 頁。

的失利而痛哭流涕。

宮廷貴族中，不但彼得堡的宮廷權貴毫無愛國心可言，就是莫斯科的大貴族也畏敵如虎，對於抗敵救國的偉業只是一味地敷衍。例如在 1812 年戰爭開始時，沙皇到莫斯科召集貴族在斯羅保達宮集會，商量對策。來的有穿戴著各個朝代服飾的大貴族，有葉卡德琳娜女皇朝代的，有保羅皇帝朝代的，有亞歷山大皇帝朝代的，勛臣命婦濟濟一堂，頗爲熱鬧。但在這國家危急關頭，他們所關心的是什麼呢？小說特意描寫了他們在恭候皇帝駕到的空隙時間裏閒談的話題，原來談論最熱烈的是：「皇帝進來時首席貴族應站在什麼地方，招待皇帝的舞會應當在什麼時候舉行，他們應當按區分組呢，還是按省分組……等等；但是一碰到戰爭，或召集貴族來的目的，談話就變得猶疑不決、閃爍其詞了，多數人都情願聽而不願發表意見。」[18]難怪他們雖然寫下了貴族會議的決議，「要從每一千個農奴中獻出十個全副裝備的人」去組織民團，但到第二天皇帝一走，他們都脫下朝服，鬆了口氣，把造名冊的事交給管家就算完事，至於是否有人去做就不得而知。作者顯然挑明抗戰靠他們是靠不住的。

而莊園貴族羅斯托夫一家愛國心則令人感動。老羅斯托夫積極贊助抗戰，兩個兒子尼古拉和彼嘉都在戰爭爆發後踴躍參軍了，當時彼嘉還只有 15 歲，不到入伍的年齡，但他放棄學業，一定要入伍，他懷著激情對父親說：

> 反正在眼前‧‧‧祖國正在遭遇危難的時刻，我是什麼書也讀不進去的。[19]

他加入驃騎兵的行列，並且爲國捐驅了。女兒娜塔莎親近人民，

---

18　《戰爭與和平》中冊，第 943 頁。

19　《戰爭與和平》中冊，第 935 頁。

當時莫斯科大撤退,她家的財物用具已經裝車待發時,有一隊傷兵剛好到達,急需馬車運送撤退。在讓不讓車這個考驗面前,她毫不遲疑地要家裏讓車,並且堅持按她的意思辦,卸下全部財產,騰出所有馬車供傷員用。娜塔莎的行動是小說裏極為感人的一章。

此外,關於小說中主要人物安德烈·保爾康斯基和皮埃爾·別祖霍夫這兩個莊園貴族子弟的愛國善行,以及京城宮廷權貴的子女如海倫(庫拉金公爵之女)的自私醜行。文中也有鮮明的對照。這一方面我們將在後面研究人物形象時再關章節評論。

歐洲文學一向有英雄史詩的傳統。它一般具有宏大的規模,含有深刻的思想或哲理。在文學史上公認為作家突出的成就。但歐洲中古時代的英雄史詩是在民間文學的基礎上發展起來的,內容主要是反映民族的重要歷史事件和歌頌傑出的英雄人物之事跡。而《戰爭與和平》除了描寫事關俄羅斯民族命運的歷史事變這一點相同外,在描寫人物上都把歌頌的重點放普通人身上,而且是人民大眾,已經不是個別的歷史上英雄、傑出的人才,而是英雄群體,即人民。因此如若中古時代這種體裁稱為「英雄史詩」,那麼在近代托爾斯泰所創作的《戰爭與和平》應該再加以擴展,稱之為「人民英雄史詩」,或「人民戰爭的英雄史詩」。這一點是托翁的重大創新,是他對歐洲文學傳統的重要突破。[20]

不僅如此,小說《戰爭與和平》既是以歷史事件為題材,但其中的主要人物屬於虛構,不是歷史上實有其人,因而不能簡單稱之為歷史小說,也不是人物傳記。正如屠格涅夫最早指出,它是一種全新的體裁樣式,是把史詩、歷史小說、編年史和風習誌諸種體裁樣式融為一體的一部鉅著。在結構上宏大而嚴謹,線索多而不亂。

---

20 參考李明濱《俄國近現代文學經典》的相關章節。

　　此外，在作品的風格上，它既有平緩的記敘，又有昂揚的抒情，是寫實方法和浪漫方法的結合。同時，既有細緻的心理剖露，也有激烈的論辯和層次分明的說理。是多種藝術手法的結合。

　　這樣，就使得《戰爭與和平》不但在俄國文學史上，而其在世界長篇小說形式上的發展都算得上是一種創新[21]，可以爲當代作家長期效法。

---

21　參考李明濱《俄國近現代文學經典》的相關章節。

# 第五章　從歷史題材中汲取主題思想

　　19 世紀初葉歐洲歷史開始大變動，對於俄國來說，尤其是生死悠關的歷史時代。它引動歷史學家不斷來描述和反覆的記載。記述時代，歷史家用史實，經濟學家用生產數字，而作家則用生活細節，無論用什麼方法，都是殊途同歸，可以達到相同的目標。

　　《戰爭與和平》是以歷史作題材的小說，它描寫的正是一個歷史時代：

## 第一節　以戰前貴族社會的生活為作品的歷史淵源

### 一、戰前貴族社會生活，是一系列主要人物的生活場景

　　**1.** 小說以 1805 年的彼得堡寫起，宮廷女官安娜·舍勒的府邸舉行晚會，引出了一批上層貴族，達官貴人。當朝大臣華西里·庫拉金公爵第一個來到會場，庫拉金公爵此來的目的是通過舍勒女官向皇太后說情，求為長子伊波利特謀得俄駐奧使館的一等秘書之職。他生有兩兒一女。長女海倫美麗而淫蕩。大兒子伊波利特雖供職外交部，卻是「安份的傻瓜」。小兒子阿那托里相反，為禁衛軍軍官，品行不端。

　　**2.** 晚會上最醒目的人士，是皮埃爾·別祖霍夫和安德烈·保爾康斯基公爵兩個青年貴族。前者約 20 歲左右，身材碩大，忠厚、思

想激烈。他係一個伯爵俄國富豪之私生子，10 歲便被送往法國就學，此次因父親病重而回來看望。也由庫拉金公爵，這位遠親帶來到晚會上。皮埃爾‧別祖霍夫因初涉社交，舉止很不得體。後者是前朝老臣陸軍上將尼古拉‧保爾康斯基公爵之子，27 歲，英俊博學，談吐優雅，即將就任俄軍總司令庫圖佐夫元帥的副官、奔赴前線，身懷六甲的嬌妻麗莎也一起來赴晚會。

## 二、晚會的熱門話題是如何評價拿破崙

**1.** 舍勒女官代表保皇派的觀點，指責拿破崙即位的非法性：既無王室血統，又行事乖戾，如同痞子。法國大革命的辯護派皮埃爾，力辯拿破崙的偉大，云拿破崙保護公民自由、平等均為上策。安德烈也認為拿破崙在軍事上是偉大的。

**2.** 兩位青年接近起來。晚會後安德烈邀皮埃爾到家中敘談，前者抨擊上流社會的「處處自私、虛偽、愚昧和淺見」，後者認為目前的俄法戰爭係為了反對一位偉人拿破崙，那是不對的。

## 三、主要人物的社會活動

**1.** 安德烈提醒皮埃爾勿與庫拉金家族等人為伍，但後者仍如約前往禁衛軍兵營去尋歡作樂。阿那托里之友陶洛霍夫與一位英國海軍軍官打賭：坐在三樓窗台上，兩腳垂在窗外，冒著滑跌下去的風險仰頭喝乾一瓶酒，贏得 50 個金盧布。又在大街上耍狗熊，將警察綁到熊背上一起拋到涅瓦河裡。為此陶被處罰為士兵。皮埃爾只好回去莫斯科。

**2.** 安德烈攜妻回老家童山村向父親辭行，並托父及妹瑪麗雅照顧有身孕的妻子。老保爾康斯基公爵吻別兒子，交兒子一封給庫圖佐夫的信，囑咐「勿留他久任副官」嚴峻地告誡兒子，「勿沾汙尼古

拉・保爾康斯基的名聲。」

**3.** 世襲貴族老羅斯托夫，爲人謙和誠懇，有二子二女。長子尼古拉 15 歲便入驃騎兵團當了軍官。次子彼嘉尙處孩童時期。長女維拉訂婚待嫁。次女娜塔莎年僅 13 歲，長得活潑可愛，一家人正在熱烈歡慶娜塔莎與母親同一個命名日。

**4.** 皮埃爾回到莫斯科，庫拉金公爵乘老伯爵病危之機趕來莫斯科，與彼之表姐密謀趁老伯爵病危偷走其立下的遺囑。幸有德魯別茨基坐在旁識破陰謀，協助皮埃爾加以挫敗。故老伯爵一死，皮埃爾立即依死者給皇帝的信和遺囑，繼承了爵位和全部遺產。立刻成爲全俄之首富。受到眾人的討好和奉承。

**5.** 庫拉金公爵也改換手法，欲求得皮埃爾之歡心。他把皮埃爾拉拔到彼得堡的家中來長住，用女兒海倫，使出「美人計」。皮埃爾由於缺乏經驗和辨識能力而落進圈套，一下子墮入情網而和海倫成婚。從此海倫擁有巨大財力，隨意揮霍，照樣尋歡作樂，婚後還占有幾個情夫。

## 第二節　以 1805 年和 1812 年兩次戰爭爲據確定人民在戰爭和歷史上的重要地位

在 1812 年戰爭之前，法國拿破崙的勢力幾乎遍及全西歐。東歐則被沙皇俄國控制。拿破崙爲稱霸歐洲，決心掃除障礙，進攻俄國，作爲前哨戰，便有了 1805 年起不斷發生的俄法爭鬥。那幾次戰鬥是在俄國國外打的，而奧斯特里齊戰役最爲著名，托翁在醞釀寫作時，充分注意這些重大的歷史事件。

拿破崙做了萬全準備後，於 1812 年對俄不宣而戰。他揮軍入侵俄國的兵力有 50 萬人，而俄皇在西線的兵力只有 20 多萬人，經不

起打擊，被迫向俄國腹地潰退。如何扭轉局勢，便是小說注意的另一個重點。

拿破崙採取速戰速決的戰略，而俄軍行緩兵之計，不急於與法軍交手，在最初幾次失利之後，俄皇任命庫圖佐夫爲俄軍總司令，軍心大振。鮑羅金諾會戰終於局勢大轉折。但是庫圖佐夫更睿智的做法是「堅壁清野」的戰術，撤離莫斯科，向西包抄法軍，並靠游擊隊幫助，全民奮起，最終打敗法軍，贏得勝利。這次歷史事件不但對俄國意義重大，而且也影響了歐洲的歷史。托翁特別注重，以它作爲小說的重點部分，也是作品最爲鮮明的部分。

托翁全神貫注在歷史大事方面，便有了下面一連串生動的描述：

## 一、1805 年，奧斯特里齊戰役中俄軍和人民的正面形象

**1.** 俄奧聯軍因奧將馬克指揮錯誤而遭慘敗，向奧京維也納撤退中，受到 15 萬法軍的圍追，損兵折將達三分之一，一直退到多瑙河左岸。

**2.** 著名的奧斯特里齊戰役由巴格拉齊昂率部阻擊，與法軍周旋了三天，力圖使俄軍脫離被圍的險境。但拿破崙嚴令進攻俄軍，結果俄軍全面潰退，幸有在申格拉本土申炮排的頑強抵抗，才遏止了攻勢。但俄奧聯軍只剩 8 萬兵力，而法軍有 20 萬。決戰從清早 5 時延續到傍晚 5 時，結果俄奧軍大敗，庫圖佐夫和俄皇均受了傷。爲了遏止俄軍的潰退，安德烈受命撿起一把軍旗逆向人流而衝向前，一個營的士兵高喊「烏拉！」跟進。

**3.** 安德烈在混戰陣中被法軍士兵棒擊後腦，失去知覺，仰臥在戰場上。拿破崙巡視戰場時，見安身旁棄有軍旗旗杆，曾讚曰：「噢！光榮的死啊！」但見傷者的腿有輕微動作，又有一聲呻吟，便命法軍將其抬往救活，並留給居民去護理。

　　俄方則判斷安德烈可能陣亡了。庫圖佐夫寫信告慰老戰友保爾康斯基公爵，云：「令郎高舉軍旗，衝在團的前鋒，英勇地倒下，對得起他的父親和祖國。」

## 二、戰役之後再次展現幾位四大貴族家庭的社會經歷

　　**1.** 安德烈後來奇跡般地復活，回到了童山村，恰又遇上妻子難產，生下兒子便去世了。對於妻子的死，他深感愧疚，從此心灰意懶。

　　**2.** 海倫與陶洛霍夫有染，風流韻事傳遍京城，使得皮埃爾在社交界受到嘲笑。他向陶洛霍夫提出決鬥。由於在決鬥中擊傷了陶洛霍夫又引起精神上的苦惱，他便不斷自問：「我為什麼而生活？」。他接受宣傳，決定加入共濟會，力行博愛和互濟的教義，捐了大筆款項，從此精神上找到寄託。他從基輔回來的路上，順途前往看望安德烈，極受到老保爾康斯基公爵的愛護。皮埃爾和安德烈經常談論人生的意義。爭論什麼是「人生的幸福？」前者的答案是為他人而活著。後者則認定：「為自己而生活。」皮埃爾影響了安德烈，使後者再度鼓起生活的勇氣。

　　**3.** 局勢到 1809 年發生陡轉，俄國反過來協助法國，出兵攻打昔日的盟友奧地利。安德烈的父親就任民團總司令，安在其領地實行改革，把三百個農奴改為自耕農，在包古恰洛沃莊園推行學校教育，教農村孩子識字，又到兒子的領地梁贊莊園去巡視，沿途一片春綠。在一棵兩人合抱的大老橡樹面前，他思緒萬千，淒涼的心境有所好轉。

　　**4.** 1809 年 5 月，安德烈再訪兒子的田莊，並往見縣貴族代表老羅斯托夫伯爵。留在奧特拉法德諾耶莊園過夜，故有機會領略該莊園的美好風光和老貴族溫情脈脈的家庭氛圍。他受娜塔莎那極開

朗，純真的情緒所感染，尤其在月夜，偶然聽到樓上娜塔莎和宋尼雅的談話聲和感染人的笑語，令安德烈陶醉。他突然感到一陣清新的氣息，心情開朗，信念改轉：——生活不是爲自己了，而是爲大家。他開始積極行動，參加到當時新興起的斯佩蘭斯基改革運動中去。

5. 老羅斯托夫伯爵家道日衰，以致勢利眼的士紳別爾格向其長女維拉求婚，竟要多少陪嫁爲條件，老羅斯托夫只好答應給陪嫁現款 2 萬盧布，加期票 8 萬。

而保里斯也不如約來向的娜塔莎求婚，而是轉移「興趣」，打算娶一有百萬家財陪嫁的富家女。

6. 除夕夜，安德烈再遇娜塔莎於舞會上，兩人在跳舞時感情益發增進。皮埃爾也贊同他們二人相愛。安之父以門第家財不配表示猶豫，更認爲她太年輕、未定性，不可能爲安撫養小兒子。安遵父命：只求婚，但婚期延後一年。娜是自由的，如感情產生變化，有權另作選擇。

安出國後，京城男子多有囑目於娜的。庫拉金公爵之子阿那托里就借助於風騷姐姐海倫來勾引娜。娜經不起誘惑，果然改變了對安的感情，決計與阿那托里私奔。臨走之夜，陰謀被宋尼雅發現，阻止未果。

7. 皮埃爾前來救援，揭露阿那托里的面目：原來他在兩年前隨軍隊駐扎地波蘭時，已經娶一位波蘭女子，並給了該女之父一筆款項，以取得仍可自稱是單身漢的權利。娜聽了之後，愧疚異常，因爲她相信皮埃爾的人品和實情，懊悔之餘，她服毒自殺，幸救活及時，才未釀成慘局。皮埃爾斥責自己的妻子海倫，說：「您在哪裏，那裏便有墮落和罪惡。」

### 三、1812 年衛國戰爭成為小說描繪的重點

**1.** 震驚世界的大事發生了：1812 年 6 月 12 日，拿破崙親率 50 萬法軍，從波蘭渡過聶門河，攻入俄國。俄軍不堪襲擊，一下子就退到直通莫斯科的要衝－斯摩棱斯克。安德烈重新入伍，以上校團長職銜率團進駐斯市。安在市內偶遇童山村的老管家，即刻命後者回家傳達緊急信息：斯摩棱斯克已決定棄守，童山村也在一周之內將被敵軍佔領。要求老公爵、瑪麗雅公爵小姐和安的兒子迅速撤離童山村去莫斯科。此時，斯市商人已開始放火燒房屋，實行焦土政策。

**2.** 老保爾康斯基公爵不願棄守童山村，便召集各方民團，集中訓練，但在檢閱民兵時終因年老體衰，突然中風而逝。瑪麗雅公爵小姐只好帶著姪兒——安德烈的小兒子登程去莫斯科，幸有騎兵連長小羅斯托夫親自護送瑪麗雅一家人離開童山村。她心中一直感恩於他。

**3.** 斯摩棱斯克陷落，國事委員會乃討論決定再度任命由在俄對土耳其戰爭中得勝的庫圖佐夫為全軍總司令。庫就任後立即召見安德烈。安拒絕了庫要留他當副官的提議。庫圖佐夫感到既惋惜又贊歎。但庫對於安想與自己的團在一起的意願也表贊許：「你是對的，走你自己的路吧，你的道路是光榮之路！」

### 四、鮑羅金諾大會戰的藝術再現

**1.** 此地為莫斯科的前哨，雙方必然拚死決逐，戰鬥熾熱，持續了 10 小時，各有死傷，減員均在幾萬人以上，法軍死了 20 多位將軍，俄軍巴格拉齊昂將軍也陣亡。

**2.** 前一天，皮埃爾從莫斯科騎馬到鮑羅金諾戰場，見到了庫圖佐夫，後者對他特別照顧還風趣地說：「您想來聞聞火藥味是不是？」此時的皮埃爾是一位愛國富翁，出錢武裝的民團有一千多人。他在

戰地對安德烈說：「法國人毀了我的家，現在又要來毀莫斯科，他們是敵人，是罪犯，該殺！」說明皮對拿破崙的看法已經完全改變。

**3.** 法軍大炮猛轟安德烈駐紮在燕麥田的軍團，一顆炮彈恰巧落在他身旁，彈片紛飛，有一彈片擊中了他的腹部，使他倒下。緊急送往篷帳火速手術的結果，終於使生命保了下來，不過仍昏迷不醒。

**4.** 皮埃爾在戰地上因戰馬中彈倒下而改為步行，參加搬運炮彈箱時被飛來的炮彈爆炸震昏，醒來又參與兩軍士兵的肉搏戰，皮埃爾扭住一個法國軍官撕打。後被增援的俄軍士兵援救。

### 五、菲里軍事會議－重要的歷史時刻

**1.** 鮑羅金諾戰役後，庫圖佐夫在菲里農村舉行最高軍事會議，決定堅壁清野的戰略，使俄軍後來贏得全勝。小村子從此聞名於世。會上，參謀長別尼克申主張全力保衛莫斯科。舉行對法軍的決戰。庫圖佐夫分析當時雙方態勢，認為儘管俄軍在鮑羅金諾會戰中得勝，但因減員太大，缺乏給養，若硬拚，必然斷送軍隊，最終也要丟掉莫斯科。莫若暫時放棄莫斯科，退往梁贊大道休整補員，再伺機反擊。這當然要冒風險，所以庫圖佐夫委婉地承擔全責：「憑皇帝和祖國委托給我的權柄，我下令退卻。」

**2.** 9 月 2 日，法軍進入已是一座空城的莫斯科，拿破崙以為俄方會派代表前來求和，不料俄國令他失望，決不來言和。

### 六、莫斯科淪陷後的情景

**1.** 老羅斯托夫伯爵家，一家人連續不斷接送前線傷員，直到失陷時才離去。又來了一批傷員時，家中一切物品已裝車待發，再無多餘車輛了。娜塔莎動了感情，勸說母親：「媽媽，我們這樣走是不行的，只要看看院子裏的傷員‧‧‧」老伯爵夫婦都受了感動，

決定了愛國的義舉：卸下自家的財物用具，只保留兩輛車子供一家人乘坐撤退，其餘全部車輛均用去搬運傷兵。

2. 途中娜塔莎認出了喬裝打扮的皮埃爾，她問他是否打算留在莫斯科不走，他只是神秘地一笑。皮埃爾一套平民服裝打扮，帶上手槍和匕首，決計伺機行刺拿破崙。法軍入城的那一天夜晚，皮埃爾在熊熊大火的莫斯科中，走遍各條大街，企圖尋見拿破崙，已是夜裏 11 時了。然而拿破崙早在四小時前已入坐克里姆林宮，開始發號司令，告慰市民，要求撲滅大火。

3. 皮埃爾沒有找到拿破崙，卻完成了幾件義舉。先是應一位太太的請求，衝入燃燒的房屋裏救出小孩，繼而解救一位遭到兩名法國兵搶劫的年輕女人。後來被法軍巡邏隊逮捕，從他身上搜出了匕首，以「莫斯科大火縱火犯」罪名將他拘留後直接送往俘虜營。

4. 老羅斯托夫伯爵家在逃難撤退中途，湊巧與受重傷躺在行軍床上的安德烈‧保爾康斯基公爵同行。娜塔莎來探訪了安德烈，請求他原諒。此後幾天，她給予精心的照料，但安因傷勢惡化終於不治。瑪麗雅公爵小姐帶了安德烈七歲的兒子尼古拉前來看望。她和娜塔莎一起爲死者哀悼。

5. 法軍士兵分散入民居，紀律鬆懈，搶劫暴行時有發生，士氣大減。俄軍則迂迴包抄，搶到法軍西撤的路上伺機阻擊，同時派出杰尼索夫上校率小分隊深入法軍後方破壞交通運輸線，並且發動游擊戰。組織了幾百支大小規模的游擊隊。這樣熬至多天，法軍眼看嚴寒將至而給養全無，於是開始沿著斯摩棱斯克的大道撤退。

6. 庫圖佐夫興奮不已，他對著聖像禱告云：「主啊，感謝你，俄國得救了。」法軍自己在撤退中消磨潰散。尤其在 12 月 28 日嚴寒驟降，凍死一片，從莫斯科退到維亞奇馬，七萬三千人已減至二萬六千人，將帥能穿多衣、坐雪橇，士兵只能步行，除了挨凍，就

是落伍被俘。連拿破崙也差點成了哥薩克部隊的俘虜。游擊隊奇襲了法軍輜重車隊，救出一批俘虜包括皮埃爾。老羅斯托夫伯爵的幼子，16歲的彼嘉因冒險進攻而中彈身亡。

　　**7.** 皮埃爾經歷俘虜營的磨煉，日益深刻理解生活的真理，他結識了農民出身的老兵普拉東‧卡拉達耶夫，深受「宿命論者」的影響，養成聽天由命，逆來順受的人生觀，普拉東雖然因走不動路被法軍槍斃了，但皮埃爾依然相信普的信念。

　　**8.** 俄軍也有重大傷亡，終究贏得了勝利，當11月5日克拉斯諾會戰開始時，庫圖佐夫受到俄軍士兵的歡呼慶賀。士兵們高喊「烏拉！」庫圖佐夫激動地泣出聲音來。

　　**9.** 法軍的入侵並沒有改變上層的生活，莫斯科陷落以後，彼得堡依然歌舞昇平，各政治派別照樣在爭權奪利。庫拉金公爵仍在鑽營謀利，女兒海倫照常尋歡作樂，她正在考量：當一位政府要員的姘頭，還是另一位外國親王的情婦，因為兩個她都愛。她想先與皮埃爾離婚，再決定嫁給其中的一個人。後來到了國外，因突然得了惡病而死。

　　**10.** 12月21日，沙皇親臨維爾納庫之司令部，擁抱了庫元帥，誇讚將官們暗示俄軍的任務還未結束。沙皇本人來親率俄軍，而實際撤去庫的權柄。他授予庫圖佐夫最高榮譽的「一級聖‧齊治勛章」。接著改組了俄軍司令部，庫因衰老和健康而退出總司令地位。不久就去世了。

　　**11.** 皮埃爾回到在奧勒爾的田莊，臥病三月餘，病後於1813年1月去了莫斯科，看到一切正在重建。瑪麗雅公爵小姐也帶著安德烈之子來莫城居住，皮埃爾前去探望，遇上了娜塔莎。後者滿臉蒼白，已失去昔日的風采。娜講述自己的遭遇，尤其她與所愛安德烈最後幾天相處的情況，皮埃爾聽後，夜裏久久未能入睡，發覺自己真心

愛上了娜塔莎，海倫已死，他可以自由了，並請求瑪幫助代為轉達
娜。

## 第三節　以戰後的和平生活預示
## 社會和人民的前途

### 一、點明和平來之不易

**1.** 皮埃爾赴彼得堡處理妻子海倫遺下的債務。娜深情地說盼望
他早點回來。兩人後來於 1813 年結婚，老羅斯托夫伯爵於翌年去世。
娜之兄尼古拉·小羅斯托夫本來有可能補升團長，但聞父逝，立即
辭職返回，清理財產才發現好客的父親已花盡了家產，變賣田產抵
債，尚有巨額債務，靠妹夫皮埃爾幫助才償還。急須重振家業的尼
古拉·小羅斯托夫必欲娶一位富家女。恰好尼古拉在戰時曾救了瑪
麗雅的危難，後者一直感恩於他，便於 1814 年嫁給尼古拉。這樣，
尼古拉就攜母親、隨妻子來到老保爾康斯公爵的童山村故園居住，
並撫養安之子。

**2.** 尼古拉·羅斯托夫專心致力去於田產經營，逐漸還清債務。
童山村再度興旺。1820 年冬，保家羅家和皮家三家在此相聚。娜塔
莎，生有三女和一子，已是發胖的少婦，一個典型的賢妻良母了。

**3.** 皮埃爾還是彼得堡某秘密團體成員，這時來童山村辭行，會
見小羅斯托夫伯爵，也看到安德烈之子。

皮埃爾對他們說到彼得堡的局勢：他主張聯合所有的人來反抗共
同的災難，要有所行動了。

> 皇帝不問政，法庭裏只有搶劫，軍隊裏只有鞭打、操練，軍
> 屯，人民受折磨，文化被壓制，年輕的正直的人，都被毀滅了。
> 大家知道，這樣下去是不行的。一切都太緊張，一定要斷的。

**4.** 但是尼古拉‧小羅斯托夫伯爵明顯持保皇的態度，強烈的反對皮。小羅斯托夫伯爵問皮的行動有什麼意義？對政府持什麼態度。並表明，他的責任是服從政府。假如政府命令去殺行動者，他會毫不猶豫執行的。

**5.** 安德烈之子，現已是少年的保爾康斯基小公爵在樓下做了一個夢：自己正和皮埃爾叔叔穿上盔甲走在一支行動大軍的前面，他驚醒後自言自語道：「皮埃爾叔叔是個多麼了不起的人啊！」

小說預示皮和安之子正是未來十二月黨人。而俄國的前途只能是變革。

托翁在這裏所描寫的已是緊扣歷史事實的真象。沙皇在得勝之後，一方面加緊對國內人民的鎮壓，力圖消除人民對專制制復的不滿情緒，一方面著力兼併歐洲鄰國的領土。糾集反動勢力，結成奧、普、俄三國的「神聖同盟」。力圖以三國反動君主的結合，共同去鎮壓義大利、西班牙等國的革命運動。史家曾稱沙皇俄國已變成了鎮壓歐洲革命的「國際憲兵」。

但是俄國人民的忍耐是有限度的。他們便不斷展開鬥爭，組織了革命團體，於 1825 年由進步的貴族青年發動了「十二月黨」武裝起義。小說《戰爭與和平》正因為描繪了從 19 世紀初至十二月黨革命等歷史事變而引人注目。這也是小說獲得成功並成為不朽名著的重要原因。

# 第六章　描繪人物群像和民族風俗以突顯主題思想

　　故事以 1805 年 7 月在安娜・巴夫洛夫娜・舍勒的客廳裏進行的一場有關俄國與拿破崙之間的第一次戰爭的談話開場，最後以 1820 年在皮埃爾與尼古拉・羅斯托夫之間的一場熱烈緊張的爭辯結束，那場爭辯中可以預感到十二月黨人起義大風暴的日益逼近。在《戰爭與和平》這部宏大的作品篇幅裏，從頭到尾總有五百多個人物形象出現[1]，其中這一些人的生活道路與另一些人的生活道路互相交錯重疊，儘管如此，每一個人仍然是與眾不同的，他們各自保持著獨特的個人風格。

## 第一節　歷史人物與虛構人物

　　小說裏由數量龐大的人物形象組成一個體系。細分之，可爲書中虛構的人物和史上實有的真人兩種。兩種人物形象之下，又可各分爲主要人物和次要人物兩項。兩項之內可各再分爲上層與下層，或曰官與民，或曰將與兵兩層。而兩層之內還可再各分爲正面與反面，或曰肯定與否定，或曰美與醜的兩類。

　　作者托翁在每一種、每一項、每一層裏普遍採用了正反兩類互相

---

[1]　據貝奇科夫《托爾斯泰評傳》第 162 頁。另據李明濱《戰爭與和平的主要藝術成就》一文統計，具體人物爲 559 個。

對照、互相對比、互相襯托的方法，使各個人物顯得形象鮮明，個性突出，令人印象深刻，過目不忘。

《戰爭與和平》是一部以歷史大事件爲題材的小說，自然要寫到歷史上的真人，才能增加真實感和歷史感。如戰爭雙方的統帥庫圖佐夫、亞歷山大一世皇帝和拿破崙以及他們主要的助手將領等。

但是小說不同於史書，也不是傳記，所以不能把歷史人物作爲主要角色，而必須虛擬出主人翁，即主要角色，才能讓作者隨自己的主意，以這些虛擬的主角爲中心展開故事，或「小說」他們的經歷，或「大說」他們的生平業績，或「細說」他們內心的思想與情緒，作者既可隨心所欲大肆描寫，著意刻畫，又無「失真」之虞。因爲他們不屬於真有的歷史人物，不必拘泥於其傳記材料。例如書中四家大貴族：保爾康斯基公爵、別祖霍夫伯爵、羅斯托夫伯爵和華西里公爵。他們各有一個子女如安德烈、皮埃爾、娜塔莎和海倫是小說中的主要角色。故事情節如何錯綜複雜、千變萬化，都是以他們的命運經歷爲依據而表現的。

據考證[2]《戰爭與和平》裏的人物，有大批人的原型是托爾斯泰的近親，作者通過自身的觀察，或從家族的傳說以及各種書面資料所記載的，逐個加以採用。指出這種近似性，可以讓人讀了小說而饒有興味。

小說中兩家主要的大貴族——保爾康斯基和羅斯托夫的諸多人物，其原型係採自托爾斯泰母系和父親家族。

老羅斯托夫，即伊里亞·羅斯托夫伯爵是作者的親祖父伊里亞·托爾斯泰伯爵，而老伯爵夫人彼拉蓋姬·羅斯托娃係作者的親祖母。

---

2　據貝奇科夫《托爾斯泰評傳》第 162 頁。另據李明濱《戰爭與和平的主要藝術成就》
　　一文統計，具體人物爲 559 個。

老羅斯托夫的兒子，尼古拉‧羅斯托夫是作者的父親尼古拉，老羅斯托夫的女兒，那位活潑可愛招人喜歡的少女，也是小說的女主角娜塔莎則綜合了作者的姨妹達喜亞娜‧庫茲明斯卡姬和作者之妻索菲姬兩人的特點。娜塔莎的表姐，即她哥哥尼古拉‧羅斯托夫的戀人宋尼雅，係採自作者的姑媽和監護人達吉亞娜‧葉戈爾斯卡婭，即托爾斯泰終生無比依戀而且視同母親的那位「慈愛的姑媽」。總之，小說中一位主要人物——女主角娜塔莎，其家族的諸多人物，基本採用了作者父系家族中的各個有關人物爲原型。

另一位主要人物安德烈‧保爾康斯基，其系統下的各個人物則代表了作者家庭母系中的各個親屬。老保爾康斯基公爵是作者的外祖父尼古拉‧謝爾蓋耶維奇‧沃爾康斯基公爵，老公爵夫人麗莎‧保爾康斯卡姬在外貌和性格上都很像作者的外祖母路易莎‧沃爾康斯卡姬，作者在 1857－1859 年間曾經同她有過親密的關係。而主人公安德烈‧保爾康斯基身上，作者則給他添上了自己的二哥謝爾蓋的許多特點。

這類文學人物雖然均已經過作家的藝術加工，但知道他們與原型的關係，還是有助於對作者文學創作的理解的。此外，也有助於我們了解托翁慣於「寫自己」和「寫自己身邊人」的寫作方法。

## 第二節　主要人物形象分析

小說中的四大豪族之子女分爲兩類。一類是愛國和親近人民，有正義感，代表著「美」的方面。如安德烈、皮埃爾、娜塔莎。另一類是背叛人民，置國家命運於不顧，只經營私利，代表著道德淪喪的醜類，如海倫。

## 一、 安德烈‧保爾康斯基公爵

他的思想、品德有一逐步昇華的過程，但他早就有好的基礎，即以國家爲重， 富於正義感，心靈向善。

起初，他不無傲慢、慵懶。對世事則冷漠。在小說中，我們開始認識安德烈，是在舍勒的客廳。他的一舉一動——疲乏、厭倦的目光，沉著勻整的腳步，有損他那美麗面貌的皺眉作鬼臉的習慣，以及瞇起眼睛來環顧眾人的神態！在在都顯示出他對上流社會深深的失望，他對依次拜訪各個客廳、作一些虛僞無聊的社交性談話都感到的厭倦。這樣一種對待上流社會的態度，使安德烈與普希金寫的「多金人」奧涅金有十分類似的地方。

安德烈只對他的好朋友皮埃爾才顯得自然、樸質、和善。跟後者的談話總是十分友好、真摯、坦率的。他向皮埃爾吐露了自己對婚後生活的深刻不滿，因爲在貴族社會的環境下，對於一個結了婚的人來說「除了客廳以外什麼都是關閉的」。接著，在回家以後跟皮埃爾的那場談話中，安德烈顯出是個嚴肅、有頭腦而且博學多識的人。他激烈譴責上流社會生活的虛僞與無聊。

當他一到了社交圈子裏，情形立刻就是這樣的：安德烈擺出了貴族的姿態，把自己一切真誠的感情衝動，都用一層冷淡的社交界禮貌的盔甲掩蓋了起來。這樣兩類就像是產生在兩個人身上的不同情緒，很清楚地表現在安德烈對典型的社交界人物——愚蠢庸俗的伊波利特‧華西里和對皮埃爾的不同態度上：「勞——駕，先生」安德烈用俄國話向擋住了路的伊波利特冷淡而不快地說。然後，轉過身來卻用親切柔和的話音對皮埃爾說：「我等著您，皮埃爾。」

不久之後，俄奧戰爭開打。安德烈當即起了變化，他一掃怠倦和

疏懶，顯出精力十足，而且步履、動作也有了力氣，因爲安德烈渴望榮譽，他覺得沒有它就不能生活，他羨慕拿破崙的命運，腦海中時常幻想著自己作爲功勛將領之子，應該靠戰功去建立自身的榮耀。

他在申格拉本戰場，在巴格拉基昂以一小支部隊阻止了拿破崙大軍進擊的地方，遇見了炮兵連指揮官土申，並且在參謀部那些將領面前熱烈地爲這位質樸、謙遜的上尉辯護，說這一天的勝利首先要歸功於「這個炮兵連的行動以及土申上尉和他全連戰士的英勇堅毅」。這完全是真心話，然而安德烈心目中，英雄就該是在浪漫的神話裏那樣，矯捷地騎在馬上頭也不回地衝上去與敵人決鬥的。可是料不到一位矮小而其貌不揚的、怕羞的上尉土申卻幹出了一件英勇偉績——以自己那個炮兵連的行動對當天總的軍事勝利作了極大的貢獻，他堅忍不拔地守住了自己的陣地，他是勇敢的化身，是真正的英雄。對安德烈來說，「這一切是那麼奇怪，那麼不像他原來期望的那樣」。這時，就發生了幻想的破產，對英雄、對英雄氣概浪漫幻想的破滅。

安德烈在申格拉本之戰中並沒有建立自己的「榮耀」，然而在土申的炮兵連裏他卻得到了英雄氣概的真正概念。土申打破了他原來對於英雄的那種錯誤的浪漫理想，而且土申就成了安德烈心目中英雄氣概的典範和英雄人物的榜樣。這是安德烈公爵在與普通平民日漸接近的道路上昇華的第一步。

安德烈再次燃起「建戰功」的時機是在奧斯特里茨戰役。在奧斯特里茨戰役的那一天，在整個部隊亂作一團的情況下，他當著庫圖佐夫元帥的面，手舉著旗幟引著一營人衝上去，可是他受了傷。一切浮名虛利的理想都落了空。他被丟下來，獨自一個人躺在戰場上，低聲地、孩子般地發著呻吟聲。他在這種情況下望見了天空。天空在他心裏引起了真摯而深刻的驚異。它那整個莊嚴寧靜和肅穆的景

象尖銳地襯托出了人類的無謂奔忙和他們那種種渺小、自私的圖謀。

> 我以前怎麼會沒有看到這個崇高的天空？現在我終於認識
> 了它，又是多麼幸福。是啊！一切都是空虛，一切都是欺騙，只
> 除了這個無邊無際的天空。3

他在心裏終於悟出了：世界上只有這個高高的天空，是衡量一切永恒、美妙、偉大的事物的準繩，而一切塵俗之物，連榮譽在內，都是謊言和欺騙。這是安德烈思想上的再次昇華。

安德烈在看到了「天空」以後，就譴責自己以前追求榮譽的種種錯誤渴望，開始用新的眼光來看待生活：榮譽並不是人類事業的主要動力，世上還有另一些更高尚的理想存在。現在，在他看來這時正在巡視戰場的拿破崙只是一個有一顆虛榮心理的渺小人物。這樣，那位不僅爲安德烈，而且也爲他的許多同時代人所欽仰崇拜的「英雄」拿破崙就突然歸諸幻滅。

奧斯特里茨戰役之後，安德烈決計從此不再在軍隊中服務。他帶著「一臉改變了的、溫和得有點古怪，但同時又顯得惶惑不安的神情」退伍回到了家裏。妻子已經去世，安德烈集中全部心力來教養兒子，並竭力使自己相信，「只有這」才是他生命中所殘存下來的一切。抱著「人應當只爲自己而生活」的想法，他完全隔絕了煩囂的塵世生活，從他暗淡、死寂的目光中，可以明顯地看出那種認爲生命已經完結的思想來。像他這樣一位具有高度文化和複雜精神生活的人，竟然弄到否定人類全部的文明和文化，認爲「唯一可能的幸福——就是動物的幸福」。但幻想的破滅，卻意味著日後可能更大的昇華。

安德烈思想的轉機來自皮埃爾對人生理想的勸說和娜塔莎的愛

---

3 《戰爭與和平》上冊，第408頁。

情。所以儘管他以前的幻想破滅過，但隨後就來了復甦的時期。來了一切生活感情和體驗重新充塞洋溢的時期。托翁創造了童山村那難忘的老橡樹的形象，來比照安德烈的各種內心狀態。早春時候，那株橡樹孤立在許多青春、快樂的樺樹中間，「像一個滿臉露著憤怒和鄙視神色的老怪物」[4]，它似乎既不關心春天，也不關心陽光和生命的歡悅。這株老橡樹在安德烈心中引起了一大堆陰鬱絕望的念頭。生活已經完結。別人儘管再去受它的騙吧，他可要靜靜地等待天年，既不對別人作惡，也不為任何事操心掛慮。

然而接著，在五月中的時候，安德烈有事再去奧特拉德諾即拜訪羅斯托夫伯爵家，他在花園裏看見了一個「纖細而好看的姑娘」，正在為什麼事感到滿心歡暢，好像簡直不想看到有他這樣一個人在場似的。他心裏感到一陣難過。

「你睡吧，我睡不著，」第一個女人的聲音在窗口回答。她的身子顯然已從窗口探出來，因為聽得見她衣服的窸窣聲，連她的呼吸聲都能聽見。萬籟俱寂，一切都凝然不動，就像月亮、月光和陰影那樣。安德烈公爵一動不動，唯恐讓人發覺他無意中聽到她們的談話和歌唱。

「宋尼雅！宋尼雅！」又聽見第一個女人的聲音。「哦，怎似乎是含著淚說的。「這樣美好的夜晚還從來沒有過，從來沒有過。」宋尼雅勉強回答了一聲。

啊！你瞧瞧，多好的月亮！…哦，多美啊！你過來。好姐姐，你過來。喂，你看見了嗎？就這樣蹲下來，抱住你的膝蓋，使勁抱住，緊緊地抱住，這樣，你就會飛上天去了。就是這樣！[5]

---

4　《戰爭與和平》中冊，第599頁。

5　《戰爭與和平》中冊，第602頁。

　　娜塔莎這種被五月的月夜所引起的激動，以及她想要飛到什麼地方去的渴望，都被他無意中瞧在眼裏。這使他心裏又激起了青年人的思緒和憧憬。歸途中安德烈發現那株老橡樹已經變得叫人認不出來了。它聳立著，

> 　　完全變了樣，潤澤、濃郁的綠葉像一頂華蓋似地四散披復。……那些彎曲多節的枝幹，斑駁的傷痕，以及先前那種疑慮憂鬱的神氣，都已消失得無影無蹤。[6]

　　很明顯，這個比照是暗指著人來說的。在安德烈身上，也同樣已經消失了憂鬱和對生活懷疑的心理，春天那種歡愉和復甦的感情整個攫住了他，他暗自想道：在三十一歲的年紀，生活還並沒有終結。

　　安德烈責備自己那種一味局限在家族圈子裏而跟其他人脫節的自私生活；他覺悟到有必要在自己和別的人中間建立聯繫、建立精神上的一致性：

> 　　光是我自己知道我心裏的一切是不夠的，還必須使大家都知道它——其中包括皮埃爾，也包括那個一心想飛上天去的小姑娘，必須使大家都知道我，使我的生活並不僅僅只是為我一個人而存在，必須使他們的生活也離不開我的生活。[7]

就這樣，從自我主義的孤獨生活和貴族式的遺世獨立，進一步到跟自己那個圈子、那個階層的人互相來往，然後更進一步到接受參與、人民的全民生活的原則，——這就是安德烈精神發展的進程。

　　接下來便是去參加當年有名的國務大臣斯彼蘭斯基主持的改革，和燃起對娜塔莎熾熱的愛情。這後一項尤其使他傾心。

　　娜塔莎使真正的生活連同它種種的歡悅和激情都重新回到了安

---

6　《戰爭與和平》中冊，第604頁。

7　《戰爭與和平》中冊，第604頁。

德烈身上，使他重新又有了豐富的生活感覺。他先前的憂鬱、對生活的輕視和灰心絕望的心情，如今都不知丟到那兒去了！在他對娜塔莎的那種強烈的，以前還從未體驗過的感情的影響下，安德烈的整個外在的和內心的面貌都起了變化。凡是娜塔莎所在的地方，他就感到那裏好像是整個都充滿了陽光，那裏有幸福、愛情和希望。「我不能不愛光明，」他對皮埃爾說，「這不是我的過錯，我只覺得非常幸福。」在安德烈對娜塔莎的態度中，顯示出了他心靈中最好的方面。

當然，改革的失敗和娜塔莎愛情的變卦使他遭受了雙重的打擊，尤其後一項的打擊最重，幾乎把他打垮。

娜塔莎對紈褲子弟阿納托里·華西里的迷戀，她的同意跟他一起離家私奔，都給安德烈的心帶來了致命的打擊。生活在他的心目中失掉了它那「遼闊而燦爛的遠景」。他已經害怕再回憶起奧斯特里茨的天空，回憶起那些曾經在鮑古查羅沃許諾過他幸福的念頭。生活好像已經失掉了它那種高尚的激情，而以醜惡、陰暗的平庸面目出現在他的眼前。把安德烈所有高尚的理想都摧毀無遺。

安德烈體驗了一種精神上的危機。在他的心目中世界已經喪失了他的目的性，生活現象也失掉了合理的聯繫：「一切都瓦解了。只有許多彼此毫無聯繫的無意識現象，一個接一個地出現在安德烈的眼前。」

連在他家裏，安德烈看到的也是一幅難耐的景象了：父親不斷折磨自己的女兒——瑪麗雅公爵小姐，法國小姐布莉恩日漸得寵。當安德烈生平第一次譴責了自己的父親時，他就被迫離開了家。臨別前瑪麗雅對他說：

　　　記住，不幸是上帝所降的，人永遠沒有罪。

安德烈還想用繁雜的工作來使痛苦得到解脫，為了尋找切齒痛恨

的阿納托里而來到土耳其前線，擔任了庫圖佐夫的值日官，在這裏，他以「工作的熱誠和精確」引起了庫圖佐夫的驚異。就這樣，安德烈在他倫理道德探求的道路上，既看到過生活中光輝的一面，也看到過它黑暗的一面。當他在衛國戰爭中愈來愈了解到生活真正的含意時，他也嘗過昂揚奮發的滋味。

因而，可以說《戰爭與和平》裏這位最主要的人物即將出現最後的思想昇華，即將到達他道德完美的境界：把個人的命運完全結合於國家和人民，把個人的一切獻給了人民。

1812 年的衛國戰爭使安德烈的情緒徹底轉變過來了。一個高傲的貴族人物的特點、他的驕傲和虛榮心，都退到了次要的地位，他愛上了那些普通人——基莫興和別的人，對團裏弟兄都很「和善親切」，以致大家都把他稱為「我們的公爵」。祖國的苦難改變了安德烈：他在鮑羅金諾戰役前夕所作的深思中，在預感到不可避免的死亡的心情下，對自己的生活作了一次總結。在這裏表現得最為強烈的就是他的深刻的愛國主義情感，他對正在劫掠和毀滅俄國的敵人的憎恨，對皮埃爾說了下面這樣幾句話：

> 法國人毀了我的家現在又準備去毀莫斯科，他們侮辱了我，而且現在還無時無刻不正在侮辱著我。他們是我的敵人，在我看來他們所有的人都是罪犯。基莫興和全軍人也都是這麼想。應該懲罰他們。8

在說出自己對戰爭和對眼前的戰役所抱的看法時，他表示堅決相信俄軍會得勝，因為「堅定不移地決心要打勝的人就一定會打勝」。

衛國戰爭使安德烈獲得了新的認識，他感到自己很渺小。他跟普通士兵同命運共患難，找到了在生活中應有的定位和生命的價值。

---

8　《戰爭與和平》中冊，第 1071 頁。

安德烈不願留在亞歷山大皇帝和庫圖佐夫總司令的身邊當副官。他說：

> 主要的，是我習慣了我的團，我愛軍官們，我的部下似乎也愛我。我覺得離開了團很可惜……

在團裏，安德烈‧保爾康斯基被稱爲「我們的公爵」。他鄙視那些在民族生死存亡關頭貪圖享樂、大發國財的貴族官僚，只求爲保衛祖國而戰鬥。可惜，由於在戰場受了重傷，過早地中止了他年輕的生命。

## 二、皮埃爾‧別祖霍夫伯爵

皮埃爾的生活道路同樣是曲折的。他經過艱苦的探索，逐漸放棄了貴族家庭教養的惡習，諸如懶散、放浪，甚至軟弱無能等弊病，最後才接近了人民。

他是葉卡德琳娜女皇時代一位著名貴族的私生子，在父親死後他繼承了大筆遺產成了俄國最大的財主。顯宦華西里抱著貪財的目的，設法把女兒海倫嫁給了他。跟這個空虛、愚蠢、放蕩的女人結婚，給皮埃爾帶來了深深的痛苦。海倫是一位典型的上流社會代表人物。而皮埃爾從他在小說中第一次出現，就是跟整個上流社會以及它那虛僞的道德作風格格不入。他不像任何一位上流社會的代表人物。他那種聰明、敏銳的見解，使他在安娜‧舍勒的賓客中顯得與眾不同。

他在一班保皇派人士面前贊揚法國革命，稱拿破崙爲世界上最偉大的人，並且向安德烈承認，他極願意去參加戰爭，只要那是「爭取自由的戰爭」不過稍後一段時期，皮埃爾重新檢討了自己對拿破崙的看法，痛恨後者的罪行，而且還要穿著粗呢大衣、帶著手槍，在一片大火的莫斯科街上竭力設法跟那個法國的皇帝碰面，以便殺

死他而為俄國人民所受的苦難復仇。說明他的思想認識正在提高和深化,而中心問題則是人民的利益。

皮埃爾從外表看來是個稟性遲鈍、體力強壯,發起怒來叫人非常害怕的人,但同時又非常溫柔、羞怯而善良,微笑時臉上就顯出一種溫順的、孩子氣的神情。他以超人的心力,來不斷尋求真理和生活的意義。

皮埃爾因為妻子放蕩而引起爭吵,結果在莫斯科的索科爾尼基和陶洛霍夫進行決鬥。他想,決鬥這件事本身並不能解決任何問題,生活仍然跟先前那樣亂作一團,因而他心裏就產生了一種想「逃到什麼地方去躲藏起來」的願望。後來當他這個平生從來沒有摸過武器的人在極度混亂的心情中持槍射傷了陶洛霍夫,而後者幾乎一直逼近他的身前,向他開槍的時候,他毫不躲閃地坦然立在對方的槍口下,臉上「帶著惋惜和悔恨的溫順的微笑」。看來,他是想在死亡中尋求解脫,以逃避那許多折磨著他的生活矛盾。但結果他還是活著,並且斷然譴責了這種在他心情絕望的瞬間想出來的解脫辦法。「胡鬧……真胡鬧!」

決鬥後皮埃爾更加集中心力來思考那些縈繞在他心頭的問題。現在,在他看來一切都是相對的,世上對各種生活現象並沒有一種統一的評價,這個人這樣看法,另一個人就跟他完全不同。他自問:

> 什麼是壞?什麼是好?什麼應當愛,什麼應當恨?人究竟為什麼生活,我究竟是什麼人?什麼是生,什麼是死?是一種什麼力量在支配著一切?。

對於這些煩惱著皮埃爾的問題,結果並沒有得到任何答案,但是他始終不停地探索:一個女販子在用刺耳的聲音推銷著貨物,而皮埃爾卻在想著她的破爛大氅和他自己的富有,想著金錢絲毫不能改變生活中的一切、不能拯人於邪惡和不可避免的死亡。在這樣一種

內心紛亂的情況下，他就很容易地成了「共濟會」團體的俘虜。

　　共濟會員們向他講到必須「純潔和革新自己的內心」。根據這種信念，皮埃爾一到自己在基輔的幾處領地以後，就立即把自己打算解放農民的意思告訴了那些管事們，同時還向他們講述了大規模幫助農民的計劃。然而他這次視察被事先布置得那麼周到，沿途經過的地方安排了那麼許多「農民代表」來勸阻。結果一事無成。

　　不過在這個內心發展的新階段中，皮埃爾是感到滿心幸福的。他對安德烈說：

　　　　我以前為自己而生活，結果是在毀滅自己的一生。只有現在，當我正在，至少是正在竭力為別人而生活的時候。我才真正懂得了生活的全部幸福。

　　皮埃爾向安德烈敘述了自己對生活的新見解。他談到共濟會思想時，把它說成是一種擺脫了一切國家和官方儀禮成分的基督教義，是一種平等、團結和友愛的教義。安德烈不管相不相信這種教義，心裏總還是竭力想要相信它，因為它使他重新回到了生活，找到了新生的路。

　　皮埃爾的話在安德烈身上留下了深刻的影響。後者以素有的那種堅定踏實的作風，把皮埃爾想要實行而並未徹底實行的種種辦法都一一付諸實現：他把一處田產上的三百個農奴全部改為自由農（這是俄國最早的例子之一），而在其他一些田產上，他用租賦制來代替了徭役制。

　　但是所有這些改革，都既沒有給皮埃爾和安德烈帶來個人幸福，也沒有為和諧的生活創造基礎。在他們的理想和醜惡的社會現實之間存在著一條鴻溝。

　　跟共濟會的進一步來往也使他深深的失望。這種秘密宗教團體的成員遠不是一些毫無貪心的人。在共濟會會員所穿的圍裙底下，常

常露出這些會員們在現實生活中謀求到手的大禮服和十字獎章。他們中間有些人根本不信宗教，他們入會只是爲了好接近一些有勢力的「教友」。因而皮埃爾終於看清了共濟會活動的虛僞無聊，而他想號召那班「教友」們去更積極地干預生活的企圖，結果只弄到使他跟他們完全決裂。

從個性看，他相信善和真理，並因而能清楚地看到「生活中的邪惡和虛僞」，正因爲這樣，他才無法去擔任何一種職務，「每一種工作在他眼裏都跟邪惡和欺騙連結在一起」。皮埃爾的思想探索並沒有停止，只彷彿是變得更深沉了。生活的根本問題仍跟先前一樣激動著他的頭腦：「究竟要怎樣？又爲什麼要這樣？世上到底在搞些什麼？」他時常這樣問自己，但卻得不到回答。他感到可怕的正就是生活的虛假和糊塗，和那種種無法解釋的矛盾：

> 人們一邊宣揚著愛別人的基督教規，一邊卻在用鞭子打人，而且就是這些教士們，還在行刑前拿著十字架叫受刑的兵士接吻。

對於這種「紊亂、可怕的生命之結」[9]皮埃爾實在無法解開。因此，他對現存社會制度的反對態度仍然存在，他對生活中的邪惡和虛僞的譴責非但絲毫不減，而且恰巧相反，是與日俱增。這也就是他在剛剛爆發衛國戰爭的驚濤駭浪中，得到心靈更新的原因。

莊園改革和從事慈善事業失利，但皮埃爾卻從 1812 年的衛國戰爭中得到啓示，在戰爭中皮埃爾體驗到強烈的激昂情緒。他捐出將近一百盧布來組織民團。「捐獻成了他的一種新的快樂」。[10]

不但捐款，他還親歷了戰爭的宏偉場景和死亡慘狀！從而產生了

---

9　《戰爭與和平》中冊，第 759 頁。

10　《戰爭與和平》中冊，第 949 頁。

強烈的思想矛盾。皮埃爾是親眼看到這次偉大戰役的宏偉景像的，唯有從來沒有參加過戰役的非軍人，才能夠以生平第一次看到某種新奇事物的那種強烈印象，來感受這一次戰役。皮埃爾開始時完全被他眼前展開的那場不平常的「壯麗景色」所迷醉。他在拉耶夫斯基的山崗炮壘上「像在林蔭大道上那麼安靜地」走動著，一心一意觀察著炮手們的行動。可是接著那個「年輕輕的軍官」被打死了，這時皮埃爾的前就變得「一片昏暗」了，他就像是從迷夢中驚醒了過來，魔法破滅了。皮埃爾開始不再從以堂皇的將軍和招展的旗幟為代表的那種戰爭的「美麗」外表上來看戰爭，而是從它可怕的實在面貌，從汗、血、痛苦和死亡中來看它了。

在戰場上的所見所聞，以及同普通士兵的接觸，都使他開闊了眼界，提示了思想認識。其中，俄國普通士兵對於皮埃爾的道德更新也同樣起了決定性的作用。他經歷過對共濟會、對慈善事業的醉心，但都絲毫不曾得到精神上的滿足。只是在跟普通人民的密切交往中他才明白了生活的目的就在於生活本身。「一天有生活，一天就有幸福。」在鮑羅金諾戰場上，還在遇見農民卡拉塔耶夫以前，皮埃爾就已經產生了平民化的思想：「做一個士兵，乾脆就做一個士兵！」跟普通士兵們的接觸在他的心靈中產生了極強烈的印象，震撼了他的意識，激起他改變和重新安排自己全部生活的願望，產生了精神、道德上更新熱情。跟卡拉塔耶夫的接近只不過是皮埃爾精神、道德上一連串探求的一個最終環節而已。

從鮑羅金諾戰場回來以後，皮埃爾曾打算在「莫斯科的全民保衛戰中」出一分力，可是當他知道根本不會有什麼保衛戰以後，他就決心留在城裏刺殺拿破崙，「這樣或者是自己滅亡，或者就會結束全歐的不幸」。支配著他的是一種「意識到普遍的不幸時渴望犧牲和受苦的心情」。可見皮埃爾已經參加分擔了抵抗敵人的全民性使

命。這種由於人民的苦難、由於意識到國家正在遭受「普遍的不幸」而引起的渴望犧牲和受苦的動機,貫串在皮埃爾謀刺拿破崙的全部思緒中。在這件事上,皮埃爾也同樣體現了跟全體人民團結一致的崇高感情,他覺悟到自己跟人民之間的休戚相關,因而渴望分擔他們的痛苦。不過表露這種感情的方式這時還仍然帶有個人的色彩。皮埃爾希望由他一個人來完成這種偉績,貢獻自身來作為共同事業的犧牲品,儘管他完全明白在這次個人反抗拿破崙的行動中是決定要失敗的。

皮埃爾在自己的幻想中從沒有生動地想像過行刺的經過本身,或者是拿破崙的死,卻異常鮮明而帶著亦悲亦喜的滋味想像著自己的滅亡和自己英勇的大丈夫氣概。「對,犧牲一個人來為所有的人,我應該不是成功就是成仁!」皮埃爾「錯過」了乘拿破崙進克里姆林宮時遇見他的機會;但是當他目擊到莫斯科最初發生的火災時,他就幹出了另外一些業績:從火裏救出了一個小孩,從一群法國暴兵手下保護了一個亞美尼亞女子,在「狂喜」中痛打那些搶掠者。

皮埃爾被法軍俘虜以後,一段時期的俘虜生活更加促進了皮埃爾與普通士兵之間的接近;在個人的苦難和損失中,他體味到了祖國的苦難和損失。娜塔莎看出了他整個精神面貌的改變。她對瑪麗雅·保爾康斯基說:「他似乎變得純淨、光潔、新鮮,好像是剛出浴的;你明白嗎?——精神上的出浴。」的確,在皮埃爾的外形和目光中似乎發展起了一種專心一志果敢行動的神態。在俘虜生活中皮埃爾知道了:

> 人就是為了幸福而創造的,幸福就在人的自身之內,就在各種人類自然需要的滿足中。

皮埃爾在體味了祖國的苦難後,終於達到了精神上的新生。

他被法軍俘虜的一個月中,在俘虜隊裏同農民士兵普拉東·卡拉

達耶夫相處，深受後者的思想影響，認識到「人是為了幸福被創造出來的」，從而開始對於現實社會的不滿足。戰後，其思想逐步發展，終於在作品的「尾聲」中寫到他參加了秘密組織，接近了十二月黨人的革命思想：要與俄國的專制農奴制鬥爭。

皮埃爾就這樣成長為一個先進貴族的典型人物。

### 三、優美動人的少女娜塔莎

在正面人物形象中，羅斯托夫伯爵一家最具特色：質樸、親近民眾和接近大自然。且全家籠罩著一種溫馨的詩意。

羅斯托夫家所有的形象中，娜塔莎就是生命和幸福的化身。在小說的提要中，她被形容成是一個「可愛而富於詩意的淘氣鬼」。父親老羅斯托夫提起她來時常說她是「火藥」。阿赫羅西莫娃親切地稱她為：「我的哥薩克」。杰尼索夫熱烈地把她喊作：「女魔術家」。在瑪麗雅・保爾康斯基問起娜塔莎是否聰明時，皮埃爾回答說：「她還不屑於聰明，……她簡直令人銷魂，除此以外沒別的話可以形容。」後來在小說中逐步展示了娜塔莎迷人的形象，她性格的異常的活潑，她生性的易於激動，她在坦露自己感情時的大膽，以及她特有的那種詩意的魔力。同時，在娜塔莎心靈發展的全部過程中，都顯示出一種強烈情緒激昂的色彩。

托爾斯泰特意表明這位女主人公跟一般平民的接近，以及她所固有的那種深刻的民族感情。娜塔莎善於了解阿尼西雅、阿尼西雅的父親，了解姨母、母親，以及任何一個俄國人的心理。娜塔莎決心放棄豎琴而學彈吉他。她醉心於農民「大叔」那種唱歌的方法，他唱起來就跟老百姓一模一樣，正因為這樣，他那無意哼出來的調子才顯得那樣好聽。有意思的是，娜塔莎一想起安德烈就斷定他一定會贊許他們那種老百姓式的喜悅和樂趣。

　　正是娜塔莎的音樂天分，以及她對於一切優美事物的敏感力，她對生活中的樸質和真實的愛好，對一切虛僞事物的深刻厭惡，使她感覺到歌劇是一種極端不真實的東西。在劇院裏，娜塔莎以一個毫無成見的人的眼光來看舞台，結果只看見了那裏的許多木條木板、染了色的圖畫、一些圍著紅腰帶的美女，以及幕布上那個代表月亮的圓孔。舞台上沒有一樣純乎自然的東西，一切都是「裝出來」的，不是「類似」什麼，就是「近乎」什麼。她無法認真地來感受這種藝術，她不能相信在周圍的觀眾身上所看到的那種對於舞台和演員的表演所顯示的緊張的注意力。托爾斯泰還說明了娜塔莎所以不能理解和接受歌劇的原因：「在鄉居生活之後，在娜塔莎當時所處的嚴肅心情下，這一切對她說來都顯得粗野和奇怪」。「在鄉居生活之後」，這就是說，在跟普通人民和大自然保持過真實、自然的交往之後，在習慣了「大叔」和他那種曾使娜塔莎深爲感動的吉他彈奏和老百姓式的歌唱以後。有過這樣的經歷以後，娜塔莎自然會毫不猶豫斷然否定歌劇中那一切程式化的東西。

　　不過這段描寫還有它更富於含意的一面，那就是：不僅舞台上的一切都顯得虛僞和不自然，就是觀眾席上坐著的也都是一些虛僞的人。娜塔莎深爲海倫和阿納托里這兩個姐弟所注意。他們熱烈而毫不知恥地對她的美麗和年輕大事恭維。娜塔莎不知道他們的話都是虛假的，他們都抱著阿諛她的目的，因此她以年輕人的幼稚輕信他們的奉承。那奉承就像毒藥似地毒害了她的心靈，破壞了它原來對安德烈所抱的深厚、嚴肅的愛情。可見，這兩個弄虛作假的人就好像是在舞台上行動，在那裏，一切都是幻影，一切都不是真的，一切都好像是兒戲，一切都遠離生活的真實。台上在說謊，但阿納托里卻不僅在戲院裏，就是在戲院外也一味撒謊和欺騙娜塔莎，他好像在舞台上那樣假扮成一個鍾情的戀人，滿口許諾娶她爲妻，而實

際上他早已經是個結了婚的人。

托爾斯泰描寫了莫斯科那班以陶洛霍夫為首的酒徒的冒險行為；阿納托里也被吸收加入了他們的集團。就在那裏，產生了誘拐娜塔莎的計劃，陶洛霍夫還以阿納托里的名義寫了一封信給她。這些狂熱的賭徒、不要命的歹徒，幹過不少次犯罪的勾當。趕三套車的車夫巴拉加知道他們當中每一個人都玩過「不止一次的鬼把戲」，如果「換了一個普通人早就會因此被送上西伯利亞」去流放了。

不過，娜塔莎只是一時的輕率。她性格的質樸和純真還是主導的方面，尤其是她與祖國人民同命運的感情。我們可以回想一下羅斯托夫家離開莫斯科時的動人場面，以及娜塔莎當時決心盡量多運走一些傷兵的行動。儘管這樣做就必需把家產器具留在莫斯科讓敵人搶掠。但托爾斯泰把娜塔莎愛國情感的深厚，來與唯利是圖的德國佬別爾格對於俄國命運的漠不關心相對比。在大家危難的時刻，當許多人和整批的產業在毀滅的時候，當莫斯科撤退的命運已經注定的時候，別爾格卻在想著要賣幾個小衣櫥。對德國人的「精神」的暴露，在娜塔莎所說的那幾句鄙夷的話裏達到了最高峰：當她知道母親在跟父親爭吵，堅持不肯卸空車輛裝運傷兵時，她說：

> 我覺得，這是那麼卑鄙，那麼醜惡，那麼……我不知道怎麼說。難道我們是什麼德國人嗎？……

作家在寫到女主人公思想轉變時，也表現了宗教的影響力。

在娜塔莎跟阿納托里私奔未果之後，她大病了一場。但這與其說是身體上的病，不如說是思想心理上的病。心理上的病自然還須「活心」，這也就是靠了宗教的「真理」而重新恢復生命。當時最好的醫生用最好的藥來治療她，但全部努力都屬徒然。可是後來娜塔莎一上教堂，開始做齋戒祈禱，過了一星期她就覺得自己已經得到了更生，她經過了宗教上的懺悔儀式，體驗到一種特殊的從祈禱中得

來的淨化，教堂治癒了她精神上的病痛，使她重新得到了感受生活中一切歡愉的能力。這種把宗教和它似乎具有的精神「淨化」作用，是一種美化做法。但有意思的是，在作家描寫祈禱儀式、神父的外表、教堂的陳設和娜塔莎的宗教感情，廣泛使用各種專門的教會術語時，絲毫也看不出其中有什麼東西是在暗示著以後在作家的創作中會出現的那種反教權主義的思想。正相反，在《戰爭與和平》這本小說中，這一切都寫得很嚴肅，既沒有嘲弄也沒有諷刺，也完全是通過沉浸在祈禱的狂熱中、體驗到「對上帝的敬畏」之情的娜塔莎本人的感受表達出來的。

在安德烈死後，娜塔莎有一段時間感到心靈空虛，她悲觀厭世。皮埃爾對她的不斷勸慰，彼此的接觸逐漸增進感情。後來，她與皮爾結婚後，已失去了往日少女的風采，完全沉緬於養兒育女和家庭生活的瑣事之中。

在尾聲[11]中，從托爾斯泰的描寫可以看出娜塔莎的大變化。

娜塔莎在 1813 年初春出嫁，到 1820 年（尾聲中故事發生的時間），她已經有了三個女兒和一個兒子。作家表現了娜塔莎在這七年中所發生的顯著變化。她不但在體型上有了改變，「長胖了，長寬了」；而且在精神上也有了改變，她臉上已經沒有了那種「不斷燃燒著的、成為她的魔力所在的興奮的火焰」。她拋棄了唱歌，摒棄了「所有的魔力」，外貌上變得「不修邊幅」了，離開了社交生活，完全專心於執行自己妻子和母親的職務。托爾斯泰諷刺地說：

> 一班聰明人總在宣傳少女們即使出了嫁也不應該拋棄自己的天才，應該仍然吸引自己的丈夫，可是娜塔莎卻不遵從這類忠告，她根本沒有時間來注意自己。她在家裏把自己放在丈夫的奴

---

11 《戰爭與和平》下冊，第 1528 頁。

隸的地位[12]

杰尼索夫看到娜塔莎時簡直認不出她來了，

　　　她前言不對後語的回答，只願談論孩子的事情，這就是他在從前那個迷人的仙女身上所看見、所聽到的一切。[13]

不過，這樣描寫也反映出托爾斯泰對當年俄國婦女解放運動的錯誤看法。他固守傳統的觀念，主張女性應當做「賢妻良母」，認為婦女的解放「不在議會和學校裏而在廚房和臥室裏。」

## 四、貴婦海倫

在虛擬的主要人物中，海倫是安德烈、皮埃爾和娜塔莎的對立面，係代表「醜」的一類。她出身於華西里公爵家，除了父親，還有兩個弟弟，即阿納托里和伊波利特，均是「美」的對立物，屬於反面的角色。在《戰爭與和平》中，華西里一家的形象反映了托爾斯泰對宮廷貴族所抱的否定態度，在那些人中間瀰漫著一片偽善和說謊、無節操和卑鄙、不道德和腐化放蕩的習氣。海倫的外表不錯，確實長得很美。小說特意展示了她的美質：

　　　海倫公爵小姐臉上掛著微笑站起來。那是一種絕色美人永遠不變的笑容，她剛才進來時也帶著這樣的笑容。她身穿一件繡有常春藤和青苔花樣的白禮服，發出輕微的窸窣聲。她那雪白的肩膀、油亮的頭髮和貴重的鑽石都光彩奪目。她從給她讓路的男人中間穿過去，昂著頭不看任何人，但向大家微笑，彷彿慷慨地讓每個人欣賞她那優美的身材、豐滿的肩膀和時髦的大袒胸和光脊背，讓整個舞廳增加光輝。[14]

---

12　《戰爭與和平》下冊，第1565頁。

13　《戰爭與和平》下冊，第1566頁。

14　轉引自曹靖華主編《俄蘇文學史》第一卷，第543頁。

　　托翁寫到：最後她走到安娜‧舍勤面前。海倫實在太美了，她不但絲毫不賣弄自己的姿色，相反，彷彿因為自己具有令人銷魂的美而感到不好意思。她彷彿想減少自己的魅力，但又辦不到。

　　「好一個美人兒！」凡是看見她的人都這麼說。當海倫在莫特瑪子爵面前坐下，也向他露出那經常掛在臉上的微笑時，子爵彷彿被什麼非凡的景象所驚倒，聳了聳肩，垂下眼睛。

　　「夫人，在這樣的聽眾面前我怕講不好了，」莫特瑪子爵含笑鞠躬說。

　　海倫公爵小姐把一條豐滿的手臂搭在小桌上，覺得沒有必要說什麼。她笑咪咪地等待著，在子爵講話時，她始終挺直身子坐著，時而看看自己輕搭在小桌上的美麗豐滿的手臂，時而看看更加美麗的胸脯，理理胸前的鑽石項鏈；她幾次整理裙子皺褶。每當聽到動人的地方，她就回頭望安娜‧舍勒，並且立刻跟著現出和她一樣的表情，接著又靜靜地露出開朗的微笑。[15]

　　不過，她的內心卻並不美。裏外是矛盾的。

　　海倫實際是個上流社會的交際花；她為了達到自己自私的目的，甚至不惜專門為此而參加了「真正的、天主教的教會」。社交界對於海倫「脫離自己的親夫」去另行嫁人的計劃是完全支持的。只有阿赫羅西莫娃一個人以她素有的那種直言不諱宣稱：「在所有的妓院都在做著這樣的事情。[16]」海倫要求辦理離婚手續的信送到皮埃爾家裏時，他正在鮑羅金諾戰場上。可見，當莫斯科和俄國命運正在決定的時刻，那班交際花們還在忙於安排她們的通奸偷情的勾當。海倫道德墮落之深，就是在這件事上揭露得最為清晰。

---

15　《戰爭與和平》上冊，第 46 頁。
16　《戰爭與和平》下冊，第 1155 頁。

　　庫拉金家的一家之長華西里公爵，是個身居要職、架子十足的上流社會人物，然而他在自己的行爲上，卻暴露出虛僞和毫無節操，暴露出一個沙皇廷臣的狡猾和名利之徒的貪婪。小說中有一段爭奪將死的別祖霍夫伯爵家遺產的戲劇性插曲，在這段插曲裏華西里公爵脫掉了他社交場上殷勤有禮的假面具，在我們的面前顯出了一個機警而善於打算的掠奪者的面貌。

　　別祖霍夫伯爵也就是皮埃爾的父親。華西里去爭奪遺產未能得逞，整筆遺產還是落到皮埃爾名下，使得後者一夜之間成爲俄國的首富。於是華西里改變策略，轉而用「美人計」，鼓勵女兒海倫去進攻皮埃爾。他撮合了那兩人的婚姻，也就使海倫獲得大筆財產。而她只爲爭財而來，實際上婚後依然在外頭招婿養奸、放蕩不止，給皮埃爾精神上造成極大的痛苦。

　　不管是腐化墮落的海倫，頑蠢不靈的伊波利特，卑鄙、膽小而且也同樣腐化的阿納托里也好，或者是他的父親、笑臉迎人的僞善者華西里公爵也好，都是像皮埃爾所說的「卑鄙、無心肝」的庫拉金家族的一分子，是道德腐化的代表人物，他們說明了在生活上與人民生活毫無關係的首都貴族在道德和精神上的蛻化墮落。

　　海倫名義上是皮埃爾的妻子，實際養了奸夫無數，而且多爲達官貴人，或浪蕩公子。她的寓所眾集的一些人，在政治上不是愛國的。相反，卻在明裏暗裏支持敵國的勾當。小說寫到，大臣魯勉采夫常去拜訪的海倫家的客廳，則是被大家公認爲法國派的客廳。在那裏大家公開地讚揚拿破崙，談論著法國人的仁愛精神，嘲笑著莫斯科人的愛國狂熱。因此，這個小集團裏包含了拿破崙暗中的同盟者、敵人的朋友、國家的叛徒。而無原則的華西里公爵，則是這兩個集團之間的騎牆派。有時候他弄糊塗了，忘其所以，就會把本應在海倫那裏講的話拿到標榜愛國的勒舍客廳那裏講了起來。

## 第三節　重要歷史人物中的兩類

以俄軍統帥庫圖佐夫和法軍司令拿破崙爲正、反對立的兩類。二者處於鮮明對照的兩極，而俄國沙皇亞歷山大一世則屬於中間狀況，但偏重於反面角色。

### 一、庫圖佐夫

首先庫圖佐夫身上集中體現了「人民利益優先」的原則。小說中托爾斯泰講到庫圖佐夫時說：

> 看透正在發生的現象的意義，這種不尋常的能力的根源，就在於他身上所具備的那種強烈而純粹的人民情感。正是因爲承認他有這種情感，才使人民用那麼古怪的方式，違反沙皇的意志，選出他這位失寵的老人來作爲人民戰爭的代表者。[17]

在整個 1812 年戰爭的所有決定性關鍵裏，庫圖佐夫都始終顯示出他是個既與廣大士兵群眾相接近又爲他們所理解的統帥人物；他始終採取了一個真正的俄羅斯愛國志士的行動。普希金曾講過意思相近的話：

> 只有庫圖佐夫一個人能夠建議進行鮑羅金諾會戰，只有庫圖佐夫一個人能夠始終抱這種明智的、積極的無爲態度，一方面誘使拿破崙安心高臥在莫斯科的大火場上，一方面靜待命定的時刻來臨：這是因爲只有庫圖佐夫一個人獲得了人民的信任，並且後來又那樣出色地報答了他們！[18]

托翁恰好運用了正反強烈對比的原理，突出了那個意思，即在《戰

---

17　《戰爭與和平》下冊，第 1472 頁。

18　轉引自貝奇科夫《托爾斯泰評傳》第 238 頁。

爭與和平》裏彷彿形成了兩個思想中心：庫圖佐夫和拿破崙。一切真正俄國的、愛國主義的、忠於祖國的事物的線索都集中於庫圖佐夫，而一切歐化的、名利主義的、腐化墮落的線索則集中於拿破崙。

其次托爾斯泰寫到，庫圖佐夫是純樸、善和真實的化身，人民戰爭的領袖。他跟拿破崙比起來不但在道德上顯得優勝，而且在軍事上也更有本事。

庫圖佐夫是個傑出的統帥，曾在俄軍元帥蘇沃羅夫的手下受過出色的鍛煉，他指揮下的一切軍事行動都富有深刻的戰略思想。這次戰爭中是「憑著準備得很好的反攻而致拿破崙和他的軍隊於死命」的。這次衛國戰爭乃是庫圖佐夫的指揮藝術的一次大勝利，事實表明他比拿破崙的指揮藝術要來得高明。庫圖佐夫在他多方面的軍事和外交活動中顯露了他固有的深刻而洞察一切的智慧和才幹。

托爾斯泰還指出精神因素在戰爭的意義，他認為，這種因素有時在戰役中的確能發揮決定性的作用。照托爾斯泰看來，庫圖佐夫所領導的只是軍隊士氣：

> 他憑著多年的作戰經驗，也憑老年人的智慧懂得：靠一個人要領導幾十萬個正在跟死亡搏鬥的人是辦不到的，他也知道，決定戰役命運的既不是總司令的命令，或是軍隊所占的陣地，也不是大炮和殺人的數目，而是一種被稱為士氣的不可捉摸的力量，因此他就經常對這種力量留心注視，並且盡自己的能力所能及來領導它。[19]

在另一地方托爾斯泰寫道，在一場戰役中一切都決定於那個在隊伍裏喊出完蛋了，或者是「烏拉！」的人。不過，托爾斯泰有力的現實主義也痛快淋漓地展示庫圖佐夫本人的精神因素，因而在這部

---

19　《戰爭與和平》中冊，第 900 頁。

小說中，就出現了一位渾身充滿毅力和決心、積極干預軍事發展進程的庫圖佐夫。比如聽了安德烈告訴他俄國所受種種苦難而萬分激動時，庫圖佐夫就是這樣的一個人，當時他心裏指著法國人說：「只要給我時間，給我時間。」[20]

又如在鮑羅金諾戰場上聽伏爾佐根報告軍情時的庫圖佐夫也是這樣一個人，當時那個有著冷靜的頭腦和和冷酷的心腸、同時對俄國的命運毫不關心的德國人伏爾佐根，奉了巴克萊德·托里的命令來報告說所有俄軍陣地的各個據點都已落入敵手，並且說俄軍正在潰逃。狂怒的庫圖佐夫向伏爾佐根大聲道：

> 您怎……您怎敢……！您怎敢對我說這樣的話。您什麼也不知道。替我轉告巴克萊將軍，說他的消息是不正確的，說我，總司令，對於目前的戰況比他知道得更清楚。……敵人在左翼被打退，在右翼被擊敗了。……請您到巴克來將軍那裏去，告訴他我明天一定要攻擊敵人。……各處都打退了敵軍爲這個我要感謝上帝，感謝我們英勇的部隊。敵人打敗了，明天我們就要把他們趕出神聖俄國的土地[21]

這段文字非常生動，庫圖佐夫正是毅力決心的化身，是善於及時鼓舞軍心的真正指揮官。

再次，托爾斯泰寫出了庫圖佐夫和民眾、和士兵有著水乳交融的關係。他關懷下屬和民眾，而下屬和民眾則愛戴擁護他。

有一次在布勞瑙城外，庫圖佐夫想到要檢閱一個行軍中的步兵團。這位總司令就給那個團的團長和團部出了一道難題：應該怎樣讓士兵出來受檢閱，是穿著禮服呢還是不穿？「過分恭敬總勝於不

---

20　《戰爭與和平》中冊，第 1033 頁。
21　《戰爭與和平》中冊，第 1114 頁。

恭敬」，團部最後終於這樣決定。因此被三十俄里的行軍弄得疲憊不堪的士兵只好整夜洗刷裝備。可是不久突然有一位副官騎馬跑來解釋昨天的命令：總司令是要檢閱這個團在實際行軍中的樣子：披著軍大衣，背著行囊，不要有任何特意的準備。這一來驚慌失措的團長馬上就向那些贊成穿禮服的軍營長們大發怨氣。當信號兵來報告了總司令已經出發的消息後，團長立刻跳上馬背，拔出佩劍，帶著一臉激動的神色準備喊口令。

> 「立——正！」團長以震撼心靈的聲音喊了一聲，「這種聲音對他自己來說是表示喜悅，對全團來說是表示嚴厲，而對正在來到的長官來說卻是表現歡迎。」[22]

就這樣，托爾斯泰以漫畫式的誇張手法從頭到腳地刻劃了一個老軍人團長的形象。同時托爾斯泰也表現了庫圖佐夫的「人民性」，他對士兵的困難和需要的理解，和他對於折磨士兵的繁文縟禮所持的厭惡態度。

反過來，士兵也自動地表達了對庫圖佐夫的愛。再看看總司令隨著行軍隊伍走過來時隊伍的反應：「歌手們上前！」——傳來上尉的喊聲。這時在全連的面前就有二十來個人從各個不同的行列中跑出來，擔任領唱的鼓手轉過身來面向著歌手們，用手一揮，開始唱起一道緩慢的軍歌來，開頭是：「天色黎明，旭日東升……」結尾是：「光榮啊，弟兄們我們在卡敏斯基帶領下前進……」這首歌是在土耳其編的，現在又在奧地利唱它，只有一個地方有所更改，把原來的「卡敏斯基大人」改成了「庫圖佐夫大人」。

士兵們隨著歌聲的節拍，擺開雙手，邁著大步整齊地走著。這時在連隊後，可以聽到車隊的車輪聲和馬蹄聲漸漸地靠近過來。

---

22 《戰爭與和平》上冊，第188頁。

　　總司令做個手勢，示意讓大家繼續這樣隨意走著。在他及其隨員們的臉上都流露出由於聽到這歌聲、看到那歡欣鼓勵行軍的場面而感到欣慰的神情。[23]

## 二、拿破崙

　　首先，小說突出他的反面特色，把他的形象寫得使人看了生厭。從拿破崙在小說中第一次出現起，就顯露出了他性格上許多否定的特色。托爾斯泰仔細地、一筆不苟地刻劃了拿破崙的肖像：一個四十歲年紀、吃得腦滿腸肥而且又老爺式地嬌生慣養的人，目空一切，自尊自大。「圓圓的肚皮」，「肥胖的短腿」，「鬆軟的白頸子」，「發胖的短身軀」和寬而「肥厚的肩膀」。這就是拿破崙的外形特點。在描寫鮑羅金諾會戰前一天拿破崙進行晨妝的情景時，托爾斯泰更加強了以前對於這位法國皇帝所作的外形刻劃中所含有的暴露意味：「肥厚的背脊」，「多毛而肥胖的胸部」，「保養得很好的身體」，「又腫又黃」的臉，「厚實的肩膀」。所有這一切細節都描繪出一個與勤勞的生活非常疏遠的、發胖的、完全背離人民生活準則的人之面目。

　　其次，是暴露拿破崙狂妄的個人主義品質。那是導致他企圖稱霸世界的主要因素，也是使他身敗名裂的重要因素。

　　拿破崙是個唯我獨尊自大狂的人，認為全宇宙都要服從他的意志。人對於他來說是毫無意義的。作家用巧妙的諷刺，有時甚至轉為辛辣的嘲弄，來揭露拿破崙妄想取得世界霸權的野心，他為了想載諸史冊而經常地矯飾做作，以及他演戲似的行徑。拿破崙任何時候都像在演戲，他的一言一動絲毫沒有樸質自然的意味。這一點托

---

23　《戰爭與和平》上冊，第 194 頁。

爾斯泰在鮑羅金諾戰場上拿破崙觀賞兒子的畫像這一幕裏，曾經生動地表現了出來。

> 拿破崙走到畫像面前，自覺得「他現在所說所做的便是歷史」；「他兒子用地球來玩球戲」，可是他卻想要表現一下「最樸質的父愛」。24

當然，這是純粹的演戲。拿破崙盲目自恃，認為莫斯科一被佔領，俄國就會屈服，而他奪取世界霸權的計劃也就大功告成了。

但是小說描寫到拿破崙在莫斯科俯首山上的情形時，托爾斯泰徹底揭穿了這位法國獨裁者的做作和演戲似的姿勢。拿破崙想著這一時刻的莊嚴偉大，想著自己的寬宏大度（他將要饒恕莫斯科），想著實行公正的法律和灌輸真正的文明。可是由於始終沒有莫斯科居民的代表到來，沒有聽他演說的聽眾，也沒有他打算「施行恩惠」的居民。莫斯科是個空城。它並沒有像歐洲某些國家的首都那樣把城門的鑰匙獻給拿破崙。

托爾斯泰說：當時憑著他「演戲者的本能感覺到」偉大的時刻「未免拖延得太久了一些，拿破崙只好就發出信號，於是大炮一聲轟鳴，宣告法軍進入莫斯科。」「一場戲的結尾沒有演成功。」25這句話徹底揭穿了拿破崙的演戲行徑。

再次，托爾斯泰暴露了拿破崙侵略戰的反人民和反人道性質。托爾斯泰指出，就在鮑羅金諾戰場上，「拿破崙不可戰勝」的神話終於煙消雲散，俄國人仍然堅持著，「在會戰結束時，仍然像在開始時那麼有氣勢。而進攻的法軍的精神力量，卻是完全衰竭了」。26俄

---

24　《戰爭與和平》中冊，第 1079 頁。

25　《戰爭與和平》下冊，第 1200 頁。

26　《戰爭與和平》中冊，第 1130 頁。

國人發現了自己對敵人佔著精神上的優勢。而法軍在鮑羅金諾一戰中卻受到了「致命的創傷」，這種創傷最後終於把它引向了不可避免的死亡。

托爾斯泰以深刻的諷刺筆調描寫了拿破崙在莫斯科波克朗山上等待貴族代表團時的思索：

> 我應當寬厚而且真正地偉大……我要在野蠻和專制的古碑上寫上正義和仁愛的偉大字句……我要向他們指示真正的文明的意義……。27

結果，果然從法軍進城的最初幾天起，留在城裏的莫斯科人就已經認識了拿破崙的「寬厚」、「正義」和「仁愛」，看到了由搶劫者和暴徒的軍隊用刺刀帶來的「真正的文明」果實。大規模的搶劫，放火，殘殺和平居民，摧毀古跡，褻瀆俄國人心目中的各種神聖事物。這就是拿破崙軍隊為進入莫斯科而舉行的慶祝。他們在直到離開俄國首都為止的五個星期中，把這個城市破壞得幾乎只剩下一些煙囪。這是拿破崙軍隊在俄國所犯下的罪行。

總之，在《戰爭與和平》這部小說中，托翁把拿破崙寫成是「沒有信念、沒有習俗、沒有家世、沒有門第」的人。托翁筆下最主要之點就在於暴露這位法國獨裁者的殘酷、不人道，揭露他在資產者暴發戶爭取世界霸權的虛假口號下，妄想奴役一切民族的意圖。作家透徹而深刻地揭露了他們一類人的偽善面目。而他們的典型英雄人物拿破崙也同樣是徹頭徹尾的虛偽。

> 他，這個由天意注定來扮演各國人民的劊子手這樣一種悲慘、不自由的角色的人，卻努力使自己相信他的行為的目標乃是

---

27　《戰爭與和平》下冊，第1201頁。

造福於人民。[28]

　　托爾斯泰指出，拿破崙所力圖建立的、並且為了它而進行戰爭的所謂「歐洲體系」，實際上只是一種奴役別國人民、毀滅別國主權的體系。拿破崙議論說：「歐洲的確最好是成為……一個民族，使任何人不管走到什麼地方，都好像置身在共同的祖國中一樣。」[29]這是帝國主義列強侵略性的典型口號。既然歐洲各民族都被征服，都服從於法國，那麼法國在這個「統一的歐洲中民族自然與當占有統治的地位，而法國人也就成了最高的民族」。拿破崙宣稱「巴黎是世界的京都，而法國人將為各國人民所羨慕！……」[30]

　　這就是那位妄想獲取世界霸權的人所抱持的狂妄計劃。這種計劃老實說只能產生在「混亂不清的」頭腦中。

## 第四節　虛構的次要人物中的兩類

　　正面的一類人物有老羅斯托夫伯爵及其家族成員尼古拉、彼嘉、宋尼雅，老保爾康斯基公爵及其家族成員瑪麗雅，下級軍官土申、吉茅非，游擊隊員杰尼索夫、齊洪‧謝爾巴次科依等。反面的一類人物則有庫拉金公爵及其家族成員阿那托里、伊波利特，中級軍官保里斯‧德魯別茨基，貴族婦女朱麗葉‧卡拉金娜和法國元帥達弗等。

### 一、老羅斯托夫伯爵夫婦

　　羅斯托夫一家的形象除前面已分析到的主要人物，迷人的形象娜

---

28　《戰爭與和平》中冊，第1129頁。

29　《戰爭與和平》中冊，第1126頁。

30　《戰爭與和平》中冊，第1126頁。

塔莎外，有：代表舊式貴族典型的、溫厚好客的父親老伯爵，熱愛兒女令人感動的、稍微有點多愁善感的母親老伯爵夫人，冷靜理智的長女維拉，熱情洋溢而見識有限的尼古拉，聰明淘氣的小兒子彼嘉，還有那捨己爲人的平凡嫻靜的姪女宋尼雅。他們當中每人都有每人的興趣，有各自特殊的內心小天地，但整個講來他們都是「羅斯托夫家族圈子」裏的一分子。

托爾斯泰使羅斯托夫家族全部生活方式都賦有一種舊時代善良的宗法制習俗的色彩。羅斯托夫家的青年人給這種生活帶來了許多熱鬧、歡笑、愉快、歌唱和舞蹈，還有青春和戀愛的魔力。這一切都使全家的氣氛帶有一種特殊的詩意。

托爾斯泰特別強調羅斯托夫一家的特色是——樸質、親近人民、接近大自然。正因爲這樣，所以托爾斯泰使小說中那些出色的風俗畫場面都發生在羅斯托夫家的人中間。

在小說中，規規矩矩、神聖地保持著高尚和正直的傳統、一切都遵奉著宗法制舊俗的羅斯托夫家的世界，非常鮮明地襯托出了不講道德、不顧老一輩人一切遺訓的上流社會酒色之徒的世界之醜惡。

## 二、尼古拉·羅斯托夫

作家全面地揭示了尼古拉·羅斯托夫性格中有兩種因素：一種是良知的因素。由它產生了尼古拉內心的正直、規矩和俠義精神。另一種就是智商不高、智慧貧乏的因素。由它產生了不知國家的政治和軍事大勢、不善於思考、也不願意判斷的性格。

尼古拉·羅斯托夫的形象，是在整個小說的發展過程中逐步刻劃出來的。最初我們看到的是一位衝動、熱心、大膽而激情的青年，半途離開大學而去參加了軍隊。老羅斯托夫伯爵說：「這陣子所有的人都被波納巴特拿破崙弄昏了頭腦；大家都在想他怎麼從陸軍中

尉一躍而登上了皇帝的寶座。」這幾句話很好地表達了那個時代的特點。一般人都醉心於拿破崙，甚至崇拜拿破崙。

在部隊裏，在驃騎兵團裏服役的時期中，尼古拉渾身洋溢著青春的歡悅心情。在申格拉本之戰中他曾竭力想嚐一下進攻的滋味，但在一看到法國兵以後就感到了一陣無法遏制的恐懼，結果竟從戰場上掉頭逃跑了。受了傷以後，他體驗到一種孤獨、無用和被遺棄的感覺。在奧斯特里茨戰場上顯示了他對於亞歷山大一世的狂熱崇拜，他覺得後者是力的化身，是向四周散發「柔和而莊嚴的光」的太陽。忠君的感情，這是他性格中最堅定不移的一個特色。甚至在十五年之後，當亞歷山大一世頭上的榮光已經大爲褪色了的時候，尼古拉還是毫不猶豫地表示了他準備聽從阿拉克切也夫反動大臣的命令帶領自己的騎兵連去砍殺暴動者的決心。

尼古拉曾放蕩過，與人結夥賭博、豪飲，輸給陶洛霍夫四萬三千盧布的巨款。他陰沉、鬱悶、惱怒，但在極度沮喪的心情下回到家裏，立刻就陷身在一種歡樂和無憂無慮的氣氛中：歌聲和樂聲充滿了整個屋子。娜塔莎的歌聲下改變了他的心情，開始覺得自己所遭遇的事情——「災難、金錢、陶洛霍夫、仇恨、名譽，這一切都毫無意思……。」[31]

下面一件事再好不過地說明尼古拉懶於思考、麻木處世的心理。

有一次，他到醫院裏去看望游擊隊員杰尼索夫，那些受傷者的疾病和痛苦使他陷入了真正紛亂的心情。在醫院中這種可怕的景像之外，另一邊，當時這裏正在簽署和約，獎勵最勇敢的士兵，歡宴普列奧勃拉任斯克部隊的官兵。尼古拉怎麼也無法把醫院中所看到的可怕景象以及那裏面的骯髒和疾病，跟亞歷山大皇帝如今那麼熱愛

---

31 《戰爭與和平》上冊，第 404 頁。

和尊敬洋洋得意的拿破崙調和在一起。

> 在他的頭腦裏，發生了一件他自己怎麼也無法加以徹底完成的痛苦的工作。心靈中抓起了種種可怕的懷疑。……究竟為什麼要有那些斷臂殘肢和那許多被打死的人？有時他又會想起那受了獎的拉查列夫和被處罰而不能得到寬容的杰尼索夫來。常常他突然發現自己在想著那麼古怪的念頭，因而弄得自己都感到有點害怕。[32]

然而此事並未使他的見解發生絲毫變化，他一點也沒有遭遇到任何精神的悲劇，或者內心的轉變。他只是放懷痛飲一場，用酒來澆沒了自己頭腦裏所產生的一切疑惑和一切「古怪的念頭」。喝醉了以後，就向鄰座的軍官們喊道：「我們不是外交官，我們只不過是些兵士而已。……我們的事只是執行自己的職責，是揮刀殺人而不是用腦思索。」這段喊叫是對於自己的自由思想的答覆，同時它也表現出了尼古拉性格的實質，他精神上的貧乏和狹隘。

不但對政治問題，而且對自己的終身大事都「懶於思考」尼古拉也曾想「用自己的頭腦」來安排生活，娶從小青梅竹馬、彼此有過戀情的宋尼雅為妻，但在一陣懦怯的，儘管是真誠的內心鬥爭之後，還是馴順地服從了「環境」而跟瑪麗雅‧保爾康斯卡婭結了婚。因為前者無家產，而後者富有。

## 三、彼嘉‧羅斯托夫

彼嘉‧羅斯托夫的形象是《戰爭與和平》中最動人的形象之一。十五歲的彼嘉被衛國戰爭所感動，以一種迫不及待地心情渴望去跟敵人搏鬥。他已經在準備考大學，可是結果決定跟一個同學一起去

---

32 《戰爭與和平》上冊，第591頁。

加入驃騎兵；他對父親說了一句很有意味的話：

> 反正在眼前……祖國正在遭遇危難的時刻，我是什麼書也讀不進的。[33]

家裏不答允他，他「傷心痛哭」了一場。最後父母親只好同意了他的請求，放他去參加軍隊。

在杰尼索夫的游擊隊員們當中出現了彼嘉·羅斯托夫。在他的形象中，作家以驚人的細緻刻劃了這個活潑、多情善感、富於好奇心而且熱情忘我的青年人的心理狀態。彼嘉已經超出了孩子的年齡，但尚未成年。在他身上還有許多天真的地方，他一切情感都帶有浪漫主義的激越情調，還不知道生活中會有苦惱。他請求杰尼索夫放他到「最重要的」隊裏去，還用同樣的孩子氣的口吻請軍官們吃葡萄乾：「我喜歡吃甜的東西，」他自己承認。

在襲擊俘虜隊的前夕，整天都處在激動心情下的彼嘉在一輛輜重車上打起盹來。這時他周圍的世界都帶有了幻想的色調。他處身在神仙世界，什麼都是可能的。彼嘉彷彿聽到一種和諧的合唱聲，正在演奏「莊嚴、美妙的頌歌」，而他正在試著指揮它。彼嘉對現實生活的浪漫想法在這種半睡半醒的狀態中達到了最高潮。[34]

彼嘉那種衝動的性格，和他不顧死活急於想投身到危險去的心情中，早已潛伏了死亡的因子。出發前他發作了一陣「冷顫」，「全身都有某種東西在那裏迅速而均勻地打著哆嗦」[35]，這種顫抖隨著離出事地點的逐漸接近而越來越變得厲害了。它顯示著某種不吉之兆。最後，衝進戰火最烈的地方之後，他一下子就被打死了。當杰

---

33　《戰爭與和平》中冊，第 935 頁。

34　《戰爭與和平》下冊，第 1431 頁。

35　《戰爭與和平》下冊，第 1433 頁。

尼索夫看著被打死的彼嘉時，他的記憶中浮現出後者生前說過的幾句半帶孩子氣的話，這幾句話回想起來使人感到心如刀割：「我吃慣甜東西。非常出色的葡萄乾，你們全拿去吧！」杰尼索夫失聲哭了出來。陶洛霍夫對於彼嘉的死也不是無動於衷的，他作出了決定：不留一個活俘虜。

## 四、老保爾康斯基公爵及女兒瑪麗雅

托翁只用寥寥幾筆，就把一個貴族愛國者形象刻畫地異常鮮明。那就是老保爾康斯基。老公爵在跟動身入伍的安德烈分別時，提醒後者要無愧於家族中忠貞和愛國的傳統：「如果我知道你的行為不像尼古拉・保爾康斯基的兒子，我會感到……丟臉！」[36]他在 1812年裏曾經幹練果斷地著手召集民團來抵抗行將迫近的敵軍。但是正當這種緊張的工作進行到最要緊的關頭時，他中了風。在快要去世的時候，老公爵想到自己的兒子，想到俄國。他覺得似乎一切都完了，因此他嗚咽痛哭起來，悲泣「俄國的毀滅」。他的死，由於俄國在戰爭初期所呈現的慘痛景象而更行加速。為這個沉重的損失而感到痛苦的安德烈對杰尼索夫說，他「在這次撤退裏喪失了以前所有的一切寶貴的東西，更不用說田產和祖居……以及因悲傷而去世的父親。」[37]

托爾斯泰描寫瑪麗雅，主要著重其精神氣質，表現她是家族中愛國傳統的繼承者。瑪麗雅・保爾康斯卡婭的形象是「博愛」和「基督徒自我獻身的魅力」的一個活化身。「基督教自我犧牲的魅力」貫穿著瑪麗雅公爵小姐的一切行動、思想和感情，決定著她對各種

---

36　《戰爭與和平》上冊，第 180 頁。
37　《戰爭與和平》中冊，第 1025 頁。

人的態度。作家表明，在瑪麗雅的靈魂中經常有兩個世界：精神的世界和日常生活的世界在互相鬥爭，但她主要是在精神的世界中生活的。由於非常篤信宗教，她經常憧憬著某種非塵世的東西。她的父親曾經給予了她多少無緣無故的痛苦和折磨，可是她卻始終溫柔馴順，她原諒了他，因爲他在將死以前喚她作「心肝」。

父親死後瑪麗雅公爵小姐陷入一種完全不關心世事的情況。可是當法國女子布莉恩提建議：向法軍拉摩將軍請求保護，她立刻清醒過來。瑪麗雅「一想到她竟然會留在法軍勢力下」[38]就感到恐怖起來。她覺得自己是父親和安德烈公爵的代表，是一個古老的俄國貴族門第的代表。

她一想到法國兵將會任意使用安德烈的書房，挖開父親的新墳，——這是痛苦難堪，不忍目睹的，因此她決心立刻離開。就這樣，在瑪麗雅的心裏覺醒了一種深刻的愛國主義情感。

作家以後又表現了瑪麗雅對她哥哥的溫存熱烈的愛，她對姪兒小尼古拉、對丈夫和子女的愛。而在任何地方，都顯示出了她精神上非常豐富的氣質。不過，托爾斯泰寫到：

> 她覺得自己還愛得不夠深，她希望自己不管是對丈夫、對子女、對小尼古拉，或者是 對一切世人，都能像基督愛人類那樣地來愛他們。她的靈魂永遠憧憬著亙古不朽的、完美的事物……[39]

托爾斯泰詩化了瑪麗雅精神道德的美，指出在她的臉上有「一種經常進行著細緻的、內在的精神生活的表情」。[40]這樣就把這位「基

---

38　《戰爭與和平》中冊，第 1005 頁。

39　《戰爭與和平》下冊，第 1588 頁。

40　《戰爭與和平》下冊，第 1301 頁。

督徒自我獻身的魅力」的化身之性格,完整地刻劃了出來。

## 五、保里斯·德魯別茨基

反面一類的次要人物形象,暫以保里斯·德魯別茨基一人爲例。

保里斯·德魯別茨基是名利主義的典型。早在剛開始他的名利事業的時候,他就已經牢牢地掌握了這樣一條法門,那就是成功既不是靠苦功,也不是靠個人的美德,而是要靠「善於應付」那些有權對別人的功績進行獎勵的人物。因此他所接近的只是那些比他地位高的人,而且在看待一個人的時候總是以能夠從他身上得到哪些好處爲出發點。在維爾那參加別尼格生的舞會時,保里斯巧妙地掩身竊聽到了亞歷山大一世跟巴拉舍夫的談話,因而成爲最早知道拿破崙渡過聶門河消息的人之一。保里斯開始預先安排自己的前途。他牢牢地掌握了一條真理,就是在軍隊中除了規章上寫明的紀律和上下級關係外,還有一種不成文的上下級關係,容許一個準尉(高級長官的副官)可以隨心所欲地讓一位如果在隊伍中就可以致他死命的將軍隨便在接待室裏等候多久。而保里斯就竭力利用這種上下級關係。不但對地位前途,而且在個人生活安排上,他都出於純私利的計較。

比如,他抱著無論如何要娶一位有錢的新娘的目的來到莫斯科,到羅斯托夫家作了幾回客;表現在娜塔莎身上的那種真摯和生命的力量曾經在一個短時期裏使精明實際的保里斯迷醉了一陣,但卻並沒有把他徹底降服;他很快就清醒了過來。娜塔莎對於他來說是太窮了,因此他不能娶她。他的心靈嚴密地封鎖著,拒真正的人性於千里之外。德魯別茨基實際上簡直是隔絕了生活上和人類身上的一切最美好的東西:愛、真誠、正直、無私的依戀和真摯的友誼。他沉迷在冷酷、自私的精明算計中,他的一切意念、企圖和希望都服

從於這種算計。他著手追求富有的新娘朱麗葉‧卡拉根娜。在整整
一個月的時間裏保里斯扮演著朱麗葉「憂鬱的崇拜者」的角色，給
她在手冊上寫些與俄國感傷主義詩人卡拉姆辛的《憂鬱》近似的詩
句，讀《可憐的麗莎》給她聽，最後，當眼前出現了可能的競竟爭
者時，保里斯克制了自己對朱麗葉時常感到的厭惡情緒，跟她結成
了「買賣式的婚姻」。

此外，在嚴峻的戰爭考驗關頭，他的考慮依然是私利。

在鮑羅金諾戰場上，保里斯‧德魯別茨基正就是以具備了所有這
一類惡劣品質的人的面貌出現的：他是無孔不入的鑽營者，又是宮
廷的諂媚和說謊者。由於自己在別尼格生這樣一位人物手下任職，
因爲他們倆人都是名利主義者，只不過規模大小不同而已，因此德
魯別茨基斷然說庫圖佐夫不好，但在總司令的副官面前，他卻贊揚
他的英明卓見。托爾斯泰揭露了別尼格生的陰謀行爲，同時表明了
德魯別茨基也參與其事：他們倆人都毫不關心眼前戰役的結果，甚
至還希望最好失敗，因爲那樣軍權就會轉移到別尼格生的手裏。他
們沒有愛國情感，他們的一切圖謀都以名位前程爲轉移，對於當前
這次決定莫斯科和全國命運的戰役，他們也只是從「個人成敗」上
來加以考慮。

## 第五節　充滿人民性的民族風習

《戰爭與和平》顯現了俄羅斯的民族風習。我們在閱讀時，處處
感受到這種民族性。無論是俄國社會的歷史畫面，還是城市貴族和
農村地主的生活場景，純樸溫順的農民，樂天憨厚的士兵，喧鬧的
都會活動，鮮活的農村風光，無處不顯露出俄羅斯的作風，俄羅斯
的氣派。

　　試看那場鮮明的奧特拉德諾多天圍獵狼、狐狸和野兔的場面，那過節時的舞會，那多獵之後在農村的晚宴和舞會，恐怕再也沒有比這裏更鮮明地反映出俄羅斯古老民俗的了。

　　尤其鮮明的是多獵之後，娜塔莎跟哥哥尼古拉來到農村「大叔」莊園裏的情景：

　　首先映入眼簾的是俄羅斯的農村景象和俄羅斯的農村大叔模樣：

> 僕人都散開了。大叔扶娜塔莎下馬，攙著她走上搖搖晃晃的木板台階。房子沒有粉刷過，牆用圓木疊成，不太乾淨，看得出主人並不太要求整潔，但也不是雜亂無章，過道屋裡散發出新鮮蘋果的香味，牆上掛著狼皮和狐狸皮。

　　接下來是居家和擺設：

> 大叔領客人穿過前室，走進擺著一張折疊桌子和幾把紅椅子的小廳，然後進入擺著一張樺木圓桌和沙發的客廳，然後走進起居室，那裡有一張破沙發，鋪著舊地毯，掛著蘇沃洛夫畫像、主人父母的畫像和主人自己穿軍服的畫像。起居室裡聞得到濃烈的煙草味和狗腥氣。

　　大叔請客人們在起居室裡隨便落坐，自己走了出去。獵狗魯加伊背上的泥還沒擦去，走進起居室，躺到沙發上，用舌頭和牙齒清理自己的身子。起居室通走廊，走廊裡擺著一座帘子破裂的舊屏風。屏風後面有女人的笑聲和低語聲。娜塔莎、尼古拉和彼嘉脫了外套，坐到沙發上。彼嘉把頭靠在臂肘上，立刻睡著了；娜塔莎和尼古拉坐著不作聲。他們的臉發熱，肚子很餓，可情緒很好。他們相互對視了一下，娜塔莎向哥哥眨了眨眼，兄妹兩人都忍不住哈哈大笑，雖然還沒想出發笑的原因。

　　一身典型的俄羅斯民族服飾和舉止行動的農村大叔：

> 過了一會兒，大叔身穿背後打褶的立領短褂和藍褲，腳登小

皮靴，走進來。娜塔莎在奧特拉德諾看見大叔這身打扮感到很奇怪很可笑，現在卻覺得挺合適，一點也不比穿大禮服和燕尾服差。大叔也很高興；他一點也不因兄妹倆的發笑而生氣（他根本沒想到他們是在笑他的生活方式），而且也跟他們一起無緣無故地笑起來。把一支長桿煙管遞給尼古拉，自己熟練地用三個手指夾住一根截短的煙管。[41]

小說依次描寫了俄羅斯風味和食品、食物，包括爲準備這一切食物的俄國農婦：

　　大叔進來後不久門又開了，從聲音判斷，是個赤腳女孩開的。隨後進來一個四十歲上下的胖女人。她臉色紅潤，姿色不錯，雙層下巴，嘴唇豐滿鮮紅，雙手端著一個大托盤。她的眼神和一舉一動都顯得殷勤好客和彬彬有禮，臉上帶著甜甜的笑容，恭恭敬敬地向客人鞠躬。儘管這位女管家胖得挺胸凸肚，頭高高昂起，走起路來卻很輕快。她走到餐桌前，放下托盤用她那雙又白又胖的手把酒瓶、小菜和點心一樣樣擺在桌上。她做完這些事，走開去，笑咪咪站在門口……。托盤端來的東西有草藥酒、果子酒、醃蘑菇、乳清黑麥餅、蜂房蜜、蜜酒、蘋果、生核桃、炒核桃和蜜核桃。然後阿尼西雅送來蜜餞和糖漬果子、火腿和剛剛油炸好的子雞。

主人和客人欣賞食物的情形溢于言表：

　　這一切都是阿尼西雅精心收集和製作的。一切都散發著香氣，具有阿尼西雅的特殊風味。一切都顯得新鮮、清潔、白淨，洋溢著愉快的微笑。「您嘗嘗這個，伯爵小姐，」阿尼西雅說，給娜塔莎遞這遞那。娜塔莎吃著每一樣東西，覺得這樣的乳清

---

41　引自托爾斯泰《戰爭與和平》中冊，719頁。

餅，這樣的果醬，這樣的蜜核桃，這樣的炸子雞，她這輩子從沒
吃過，也沒見過。42

# 第六節　反映人民性的民間藝術活動

小說的下一段尤為奇妙，描寫的是俄羅斯民間樂曲和民歌是如何
動人：

娜塔莎在這新鮮的環境裡感到十分快活，唯恐馬車太早來接
她回家。在談話偶爾中斷時，大叔也像一般初次在家裡接客人的
人那樣，對客人們的無聲問題回答說：

「是啊，我們就是這過完一生……人一死，就一了百了，何
必作孽呢！」大叔說這話時神態莊重，簡直可以說很美。尼古拉
不由得想起父親和鄰居講過大叔的種種好話。大叔是個全區聞名
的品德高尚、大公無私的怪人。人家請他調解家庭糾紛，擔任遺
囑執行人，信任地告訴他種種秘密，選他擔任法官和其他官職，
但他總是堅決拒絕公職，春秋兩季騎著他那匹栗色騸馬在野外奔
馳，冬天坐在家裡，夏天則在他那草木茂盛的花園裡歇息。43

歌手的精彩表演，使得觀眾和讀者都感到是莫大的享受：

「大叔，您為什麼不去做官？」

「做過，後來不幹了。我不行，幹得漂亮，——幹那一行我
一竅不通。那是你們幹的事，我的腦筋不行。至於打獵嘛，那可
是另一回事了，幹得漂亮！喂，把門打開，」大叔叫道。

這時響起一隻光腳匆匆走路的啪噠聲，接著一隻看不見的手

---

42　引自托爾斯泰《戰爭與和平》中冊，第 719 頁。

43　引自托爾斯泰《戰爭與和平》中冊，第 719 頁。

打開狩獵室的門。走廊裡傳來巴拉來卡俄式六弦琴的聲音，聽得出是一個老手在彈。娜塔莎早就聽到琴聲，此刻她走到走廊裡，想聽得清楚些。

「這是我的車夫米吉卡在彈琴……我給他買了一把很好的巴拉來卡，我喜歡聽，」大叔說。大叔規定，他每次打獵回來，米吉卡都要在狩獵室裡彈巴拉來卡。大叔愛聽這種音樂。

「好聽！真的，很好聽！」尼古拉說，

「什麼好聽？」娜塔莎發覺哥哥說話的語氣，責備地說。「不是好聽，簡直是妙極了！」她覺得大叔的蘑菇、蜂蜜和果子酒是天下最好吃的東西，現在她又覺得這歌聲是人間最美妙的音樂。農奴樂手米吉卡的彈奏已使人感動由此為以後的高潮埋下伏筆：

「再來一個，請再來一個，」巴拉來卡琴聲一停，娜塔莎就對著門叫道。米吉卡調了調琴弦，彈起芭勒娘舞曲，時而彈出一連串滑音，時而突然剎住。大叔側著頭，略帶笑容，坐著聽。那旋律重複了百把次。琴手調了幾次弦，旋律不斷響起，聽眾怎麼也聽不厭，總想一遍一遍地聽下去。阿尼西雅走進來，把她那胖大的身子靠在門框上。

「您請聽，伯爵小姐，」阿尼西雅含笑對娜塔莎說，她笑起來極像大叔。「他是我們這裡的好琴手，」阿尼西雅說。

「喂，這一段彈得不對，」大叔突然做了個有力的手勢說。「這裡是一連串顫音——連串顫音。」

托翁採用典型的俄國民間音樂演奏情節，先是寫巴拉來卡六弦琴，繼而寫農奴樂手米吉卡，最後才出現「大叔本人」。使優美的樂聲、民族的氣氛步步加深，越來越感人。同時，再寫貴族出身的娜塔莎兄妹深愛民間樂曲的感情和心情，更能使讀者領略其中的妙趣。

「您也會彈嗎？」娜塔莎問。大叔沒有回答，只微微一笑。

「阿尼西雅，你瞧瞧，吉他的弦好嗎？好久沒碰了，」

阿尼西雅立刻邁著輕快的步子去執行主人的吩咐，把吉他拿來。

大叔吹去琴上的灰塵，用瘦骨嶙峋的手指敲了敲琴面，調了調弦，在扶手椅上坐好。他拉開左肘，握住琴頸稍高的地方，擺出表演的姿勢，向阿尼西雅擠擠眼，不彈芭勒娘舞曲，而彈出一個清脆響亮的和音，接著就用極慢的節奏鎮定而果斷地彈起名曲《大街上》來。這支曲子的旋律，伴著阿尼西雅全身煥發出來的莊重的歡樂，在尼古拉和娜塔莎心坎裡蕩漾開來。阿尼西雅臉都紅了，用頭巾遮著臉，笑著走出去。大叔繼續乾淨俐落、熱烈有力地彈著琴，從她單邊的灰白鬍子下露出一絲笑意，特別當曲子彈得越來越急促，越來越熱烈，有時戛然中止的時候，他笑得更歡了。

小說在這裏把優美的情景推向高潮。這也是《戰爭與和平》描寫民族氣氛的突出篇章。

「太妙啦，太妙啦，大叔！再來一個，再來一個！」大叔一彈完，娜塔莎就叫起來。她跳起來，摟住大叔吻了吻他。

尼古拉也很喜歡聽大叔彈琴。大叔把這支曲子又彈了一遍。阿尼西雅笑盈盈的臉又出現在門口，她後面還有幾個人的臉？[44]

《戰爭與和平》的最感人章節之一就是描寫俄羅斯民間舞蹈，尤其讓一個貴族小姐來跳，而且跳得那麼好，那麼傳神，讓人看了不禁砰然心動。

大叔彈到這裡，手指靈活地壓住琴弦，讓曲子戛然中止，聲

---

44 引自托爾斯泰《戰爭與和平》中冊，第 722 頁。

了聳肩膀。

「啊，啊，好人兒，大叔，」娜塔莎懇求道，彷彿她的生命全在於此。大叔站起來，彷彿他身上有兩個人：一個一本正經地笑著那個快樂的人，而那個快樂的人則天真而認真地準備起舞。

「喂，姪女兒！」大叔右手中止和音，然後向娜塔莎揮了揮。這位由法籍家庭女教師培養出來的伯爵小姐，是在何時何地吸收了法國披巾舞所缺乏的俄國風味和俄國氣派的？而這正是大叔期待於娜塔莎的那種學不來教不會的俄羅斯風味和氣派。娜塔莎剛一站穩，就得意揚揚，自命不凡，調皮而快樂地微微一笑。這時尼古拉和所有在場的人最初擔心她跳得不好的憂慮頓時消失殆盡，大家都興致勃勃地欣賞著她。

以下是托翁用濃墨重粉的筆調仔細描繪娜塔莎，歡樂起舞的情景，她的歡樂不僅激勵著自身，而且激動著所有在場的人，還會激動今後所有的讀者。

娜塔莎跳舞的動作非常準確，絲毫不差，逗得阿尼西雅邊遞給她一條跳舞用的手巾，邊笑得流出眼淚。她一直望著這位苗條、文雅、穿著綢緞絲絨衣裳、頗有教養的伯爵小姐，覺得她完全成了另一個人，欽佩她竟能領會她阿尼西雅、她的父母和姑媽、以及凡是俄國人身上所具有的俄羅斯風味。

「哦，伯爵小姐，幹得漂亮！」大叔跳完舞，快樂地笑著。

「哦，我的好姪女！一定得給你找個好丈夫！」

「已經找到了，」尼古拉笑著說。

「噢？」大叔用疑問的眼光瞧著娜塔莎，驚奇地說。娜塔莎得意揚揚地含笑點點頭。

「還是個很棒的！」娜塔莎說。娜塔莎自言自語，笑咪咪地又坐到大叔旁邊，要求他再彈一支曲子。

大叔又彈了一支歌曲和一支華爾滋舞曲；然後停了停，清了清喉嚨，唱起他心愛的獵歌來．

　　黃昏落新雪

　　潔白惹人愛

大叔唱歌像老百姓一樣，天真地認為一支歌的意義全在於詞，有了詞就有曲，離開詞的曲是沒有的，曲子只是為了表達音節。因此，大叔的曲子就像鳥兒唱歌一樣，非常自然動聽。娜塔莎聽大叔唱歌聽得入迷。她決定不再學豎琴，而只彈吉他。她向大叔要了吉他，立刻就摸到這支歌的和弦。45

　　九點多鐘，一輛敞篷馬車、一輛輕便馬車和三個騎馬的僕人來接娜塔莎他們。

娜塔莎和尼古拉坐上輕便馬車。大叔把娜塔莎裹得嚴嚴實實，格外親切地與她話別。他徒步送他們到橋邊。橋上難以通行，得涉過淺灘繞過去，他就吩咐獵人們打著馬燈領路。

　　「再見了，親愛的姪女！」大叔叫道，聲音已不是娜塔莎原來熟識的聲音，而是唱《黃昏落新雪》的聲音。

他們經過的村莊亮起點點燈火，散發出好聞的煙味。

　　「真有意思！」當他們來到大路上時，娜塔莎說。

　　「可不是，」尼古拉說。「你不冷嗎？」

　　「不，我很好，很好。我真高興，」娜塔莎簡直有點困惑地說。他們沉默了很久。

　　夜又黑又潮。只聽得見馬匹在泥地裡啪噠啪噠地走步聲。46

　　一場優美的民間音樂舞蹈已經過去了，但人們還是意猶未盡，小

---

45、引自托爾斯泰《戰爭與和平》中冊，第四卷，第723頁。

46以上引文引自《戰爭與和平》中冊，第四卷，第718-725頁。

說傳達的正是這一種美好的心境。小說在前面已經是幾次寫到娜塔莎對民間的一切有深沉的感受，然後這裏又畫龍點睛地總括了她的心境，應該說正是托翁神來漫妙的畫筆描繪達到天衣無縫的地步。

# 第七章 結 論

　　《戰爭與和平》自 1869 年發表以來，迄今已有 130 多年的歷史，它不但流傳久遠，而且譯成多種外國文字，在世界各國產生影響，是一部不朽的世界名著。

　　托爾斯泰像康德那樣把藝術安置在科學和哲學之間的中介地位，也像康德那樣，在區別藝術、科學和哲學的不同本性的同時，重視藝術和科學尤其是和哲學之間的密切關聯。正是對後者的重視，使他初初走進文壇便真誠的偏愛「美文學」，把「反映永恒的、全人類的利益，反映人民的彌足珍貴的內心意識」，定為他文學創作的追求。[1]

## 第一節 《戰爭與和平》對俄國文學史的意義

　　《戰爭與和平》的藝術成就很高，它的突出特點是宏大的結構和嚴整的佈局。在俄國文學史上，也有不少成功的長篇。但其篇幅，不但字數上不能與《戰爭與和平》相比，就是結構上也不如此宏大。普希金的《葉甫蓋尼‧奧涅金》，果戈里的《死魂靈》，屠格涅夫的《父與子》，都是單線索，無起伏曲折，更談不上複雜，而托翁則採用了情節內容的多線索發展而又主次分明，互相照應，結成有

---

[1]　見胡日佳《俄國文學與西方審美敘事模式比較研究》第 461 頁，上海學林出版社，1999 年。

機的整體。從故事情節看，四大貴族家庭生活一直是主線，其他人物都圍繞著主線安排，有主有次；四個家庭之間又通過彼此有家庭成員的戀愛、婚姻關係聯結起來，交錯發展，相互制約，繁而不散；在家庭成員之中則以安德烈、皮埃爾、娜塔莎爲主要人物，小說以他們的命運和變化爲始終，中心突出，無喧賓奪主之感。從內容看，戰爭與和平生活是占有同等分量的兩個重心，作者讓它們按編年的順序交替出現，在其中安插了該時期的歷史事件和社會生活大事，做到既全面地概括時代的內容，也爲人物活動提供廣闊的歷史背景。[2]

《戰爭與和平》的另一個藝術特點是塑造了眾多的性格迥異、血肉豐滿的人物形象。

> 他們的模樣、身世、經歷、個性各不相同。這裏作者普遍使用對比的方法。下層人民的樸實和上流社會的腐化，普通士兵的英勇和貴族軍官的怯弱，兩個極端，放在一起對比，人物的性格特徵就顯得突出了。[3]

在俄國文學史上，雖然也有別的作家採用對比方法，例如《父與子》中，屠格涅夫就用平民與貴族對比，顯出前者高尚而後者沒落。但沒有托翁那樣採用得十分普遍，全書的人物幾乎都是用正反對比的方法排列出來的。這可以說是托翁的獨到。

《戰爭與和平》還有一個突出的藝術特點，「即具有鮮明的民族風格，寫出了絢麗的、富於民族色彩的歷史生活畫面。」[4]無論是農民還是士兵，無論貴族社會還是俄國的自然風光，無論人們的生活

---

2　見李明濱《托爾斯泰的【戰爭與和平】》一文，1981年。

3　見李明濱《托爾斯泰的【戰爭與和平】》一文，1981年。

4　見李明濱《托爾斯泰的【戰爭與和平】》一文。1981年。

起居，還是過年過節的熱鬧景象，到處都洋溢著俄羅斯的風情，俄羅斯古老民俗的氣息。難怪外國讀者看了小說以後，都能贊歎作品的偉大都能夠從作品中親自領略俄羅斯的民族風格而感到欣喜和快慰。

總的看來，《戰爭與和平》在俄國文學的發展史上非同凡響，是整體上的創新，最完歷地反映俄國的社會和民族，

> 它是一部現實主義的、英雄史詩式的長篇小說。而且，它在創作方法上綜合了現實主義、浪漫主義，甚至古典主義諸傳統的優點。它的體裁樣式在俄國文學中是一種創新，也突破了歐洲長篇小說的傳統規範。[5]

《戰爭與和平》為作者贏得了俄國文學大師的聲譽。早在小說剛剛發表之時，俄國當時的名作家屠格涅夫就承認它使托翁在俄國文壇「斷然佔據了首屈一指的地位。」[6]托翁無論在生前還是身後，俄國文學史上一直被承認佔有文學史的地位，而且經久不變。

這是因為托翁寫出《戰爭與和平》如此偉大的史詩，在他們本國國內，不但是前無古人，而且是後無來者的。蘇聯時代的蕭洛霍夫，雖然也寫出史詩式的小說《靜靜的頓河》。但據俄國和中國讀者分析，《靜靜的頓河》在模仿《戰爭與和平》上是成功的，至於是否超越了前者，就還有爭議。

## 第二節　《戰爭與和平》對我國文學的意義

《戰爭與和平》對中國文學也有過很好的影響，但是由於宣傳推

---

5　見李明濱《托爾斯泰的【戰爭與和平】》一文。1981年。
6　《俄國作家論托爾斯泰》第230頁，人民文學出版社。1959年。

介的力度不夠，所以未能造成廣泛的績效。至於台灣，更遠未及宣傳介紹。據我看，今後還應大力評介和推廣。其理由有：

**一、拓寬台灣文學視野，邁向浩瀚的世界文學之林。**

藉由本文的評介，可以達到兩個目的，一方面開闊文壇和讀者的視野，使得《戰爭與和平》這部鉅著在台發生影響，讓人們領會文學作品的認識價值，了解這類史詩性作品的精神和實質。另一方面啓迪當代作家向托翁學習，學會用史詩特性大手筆創作出時代的傑作，使我國文學邁入世界文學之林。

**二、帶領我們向人生的真諦探底，使心靈重生。**

托翁畢生都在追求「人生的真諦」，即如主人翁安德烈和皮埃爾經常對自己發問：「我是什麼人？」「我爲什麼活著？」「我的人生目標是什麼？」這是《戰爭與和平》深入探究的中心主題，也是小說具有高品味的原因。我國作家自然應當向托翁學習，創作出無愧於時代的作品，以帶領讀者去探索人生真諦，使得心靈高尚，理想遠大，做無愧於時代的作家。如果文學能提高到如此程度，那麼我國文學自當邁入世界的文學行列。

**三、導正以往對俄國謬誤的思想觀，透過托翁不抵抗主義的消滅戰爭，對於台灣的命脈應有更深刻的省思。**

讀過《戰爭與和平》的人自當會導正我們心裡對俄國觀念的差錯。每一個國家都有長處和短處，俄國亦然。他們不全是反面的，托翁偉大的人道主義精神，強烈反戰的情緒就具有永遠的魅力。透過托爾斯泰的「不抵抗主義」，消滅戰爭。自然可以啓發我們對於國家命運的深刻省思。

# 參 考 書 目

## 一、原　　典

1、《托爾斯泰全集》九十卷，莫斯科百年紀念版，1928 年。

2、《托爾斯泰全集》十四卷，莫斯科，1959 年。

3、《托爾斯泰全集》二十卷，莫斯科，1970 年。

4、《戰爭與和平》高植譯，平明出版社，1951 年。

5、《戰爭與和平》董秋斯譯，人民文學出版社，1958 年。

6、《戰爭與和平》劉遼逸譯，人民文學出版社，1994 年。

7、《戰爭與和平》草嬰譯，貓頭鷹出版社，2000 年。

## 二、綜合類書

1、（蘇）洛姆諾夫等著：六個作家論（內有介紹托爾斯泰的生平及
　　其著作論文一篇），譯上海文化工作社，1952 年 5 月。

2、高爾基：《俄國文學史》，新文藝出版社，1957 年。

3、列寧論夫‧托爾斯泰：《列寧論文學與藝術》人民文學出社
　　1960 年。

4、茅盾：《世界文學名著講話》（內有對《戰爭與和平》的評價文
　　字）三聯書店 1983 年。

5、楊周翰主編：《歐洲文學史》，人民文學出版社，1986 年。

6、李明濱主編：《蘇聯概況》，外語交學研究出版社，1988 年。

7、曹靖華主編：《俄國文學史》，人民文學出版社，1989 年。

8、李明濱著：《中國文學在俄蘇》，花城出版社，1991 年。

9、曹靖華主督：《俄國文學史》，河南教育出版社，1992 年。

10、朱維之主編：《中外比較文學》，南開大學出版社，1996 年。

11、李明濱著：《俄國近現代文學經典》，南華大學出版，1998 年。

12、朱維之、趙澧主編：《外國文學簡編》，中國人民大學出版社，1999 年。

13、歐茵西著：《新編俄國文學史》，書林出版有限公司，1999 年。

14、李明濱著：《中國與俄蘇文化文流志》，上海人民出版社，1998 年。

### 三、著　作

1、（蘇）羅果夫編：《魯迅論托爾斯泰》，上海時代出版社，1949 年。

2、（蘇）謝尼布諾夫著，蔣路，斯庸合譯：《回憶托爾期泰與高爾基》，桂林，文林書店 1943 年。

3、(英)莫德著，徐遲譯：《托爾斯泰傳》，重慶國訊書店，1944 年。

4、(法)羅曼羅蘭：《托爾斯泰傳》，上海商務印書館，1950 年。

5、托爾斯泰夫人、朵思妥也夫斯基夫人合著：《托爾斯泰與朵思陀也夫斯基》，上海國際文化服務社，1950 年。

6、（蘇）古塞夫，尼·尼著：《回憶列夫·尼古拉耶維奇·托爾斯泰》，見《光明日報》，1953 年 9 月 9 日。

7、（蘇）古德濟著：《托爾斯泰評傳》，北京時代出版社 1950 年。

8、（蘇）古德濟：《托爾斯泰》見《俄羅斯古典作家論》下卷，人民文學出版社，1958 年。

9、（蘇）貝奇柯夫著：《論托爾斯泰創作》，上海文藝出版社，1959 年。

10、（蘇）貝奇柯夫著：《托爾斯泰評傳》，人民文學出版社，1959 年。

11、貝奇科夫：《托爾斯泰評傳》，吳均燮譯，人民文學出版社。1959 年。

12、李明濱著：《托爾斯泰及其創作》，遼寧大學出版社，2001年。

### 四、論　　文

1、（蘇）梅拉赫：列寧論托爾斯泰：（見《列寧與十月革命前的俄羅斯文學問題》），新文藝出版社1959年。

2、陳燊：《歐美作家論托爾斯泰》，見《外國文學研究》，1981年2期。

3、（蘇）留里可夫著：《俄羅斯民族的天才》，見《文藝報》，1953年18號。

4、（蘇）貝奇柯夫，S.著孫瑋譯：《論列夫·托爾斯泰的創作》，見《翻譯》3卷5期1950年11月。

5、吳元邁著：《普列哈諾夫論列夫·托爾斯泰》，見《俄蘇文學》，1980年3期。

6、高植著：《列夫·托爾斯泰和他的作品》，見《讀月報》，1956年10期。

7、雁冰著：《托爾斯泰與今日之俄羅斯》，見《學生雜誌》6卷4－6期，1919年6月。

8、魯迅著：《祝中俄文學之交》見《魯迅三十年集·（23）南腔北調集》45頁1947年。

9、韓長經：《魯迅論托爾斯泰》，見《文史哲》，1958年11期。

10、譚微著：《托爾斯泰沒得用？》見上海《新民晚報》，1958年10月6日。

11、張光年著：《誰說托爾斯泰沒得用？》，見《文藝報》，1959年4期。

12、黃秋耘著：《應當向托爾斯泰學習什麼？》，見《新港》，1980年11期。

13、倪蕊琴著：《列夫·托爾斯泰在中國》，見《學藝月刊》，1959

年 9 期。

14、陳燊著：《列寧論托爾鈰泰》，見《世界文學》，1978 年 1 期。

15、戈寶權：《托爾斯泰作品在中國》，見《世界文學》，1960 年 11 期。

16、馬家駿：《淺注》的一點淺說——就教于倪蕊琴同志《陝西師大學報》，19978 年 3 期。

17、倪蕊琴：《也談「托爾斯泰主義」——與馬家駿同志商榷》，見《陝西師大學報》，1978 年 3 期。

18、倪蕊琴：《駁「托爾斯泰是富農的代言人」》，見《文匯報》，1978 年 4 月 27 日。

19、陳伯吹：《列夫·托爾斯泰和兒童文學與教育》，見《青海湖》，1981 年 6 期。

20、李蟠譯述：《契訶夫是怎樣對待托爾斯泰的？》，見《湖南師院學報》，1980 年 4 期。

21、匡興著：《托爾斯泰否定莎士比亞初探》，見《外國戲劇》，1981 年 3 期。

22、夏仲翼 袁晚禾著：《論托爾斯泰的現實主義和藝術特色》，見《文藝論》6 期，上海文藝出版社，1978 年。

23、刁紹華著：《托爾斯泰長篇小說的藝術特點》，見《學習與探索》，1980 年 6 期。

24、蔣連杰著：《托爾斯泰作品中的「心靈辯證法」》，見《河南師大學報》，1981 年 1 期。

25、張鐵夫著：《托爾斯泰三大長篇的對照藝術》，見《湘潭社會科學學報》，1981 年 2 期。

26、馬家駿著：《托爾斯泰戲劇創作的藝術特色》，見《陝西師大學報》，1980 年 4 期。

27、錢中文：《托爾斯泰創作思想淺談》，見《蘇聯文藝》，1980
年 3 期。

28、郭沫若著：《序<戰爭與和平>》，見《文學月報》1 卷 2 期。

29、文美惠著：《從<戰爭與和平>看列夫・托爾斯泰的世界觀和創
作方法》，見《文學研究集刊》，1956 年 4 期。

30、（蘇）阿・托爾斯泰雅著，秦得儒譯：《<戰爭與和平>是怎樣
產生的》，見 《百花洲》1980 年 3 期。

31、林海：《<子夜>與<戰爭與和平>》，見《時與文》3 卷 23 期，
1948 年 9 月。

32、李明濱：《托爾斯泰的<戰爭與和平>》，見《世界文學名著選
評》第 1 集江西，人民出版社，1979 年。

33、白嗣宏：《怪人別素豪夫及其他》，見《俄蘇文學》，1980 年
4 期。

34、金沙譯：《托爾斯泰的女兒談<戰爭與和平>》，見《蘇聯文學》，
1980 年 4 期。

35、殷興：《偉大的作品產生於探索、勤奮和虛心——<戰爭與和平
>創作過程漫談》，見《蘇聯文學》1980 年 4 期。

36、李明濱著：《<戰爭與和平>的藝術成就》，見《國外文學》，
1981 年 1 期。

37、李明濱著：《托爾斯泰及其創作》遼寧大學出版社，2001 年。

38、沈來清著：《<戰爭與和平>的主題與人物》，見《西南師院學
報》，1981 年 2 期。

39、夏靜著：《<安娜・卡列尼娜>的主題思想》，見《新黔日報》，
1956 年 4 月 19 日。

40、彭慧：《怎樣讀<安娜・卡列尼娜>》，見《讀書月報》1957 年
4 期。

41、周杞云：《<安娜‧卡列尼娜>愛情描寫的進步意義和局限》，見《華南師院學報》1979 年 1 期。

42、雷成德：《俄國歷史轉折時期的藝術畫卷》，見《包頭文藝》，1979 年 2 期。

43、李明濱：《談談安娜‧卡列尼娜的形象》，見《閱讀和欣賞》（四）第 324－3 42 頁，北京出版社，1985 年。

44、李明濱：《安娜是「愛情至上主義」者嗎？》，見《外國文學研究》，1979 年 3 期。

45、杜宗義：《要歷史地、全面地看問題——關於安娜的<愛情至上主義>局限和外國文學評論中的不良傾向》，見《外國文學研究》，1980 年 1 期。

46、夏仲翼：《漫話<安娜‧卡列尼娜>》，見《書林》，1980 年 2 期。

47、劉國屏：《略談<安娜‧卡列尼娜>的心理描寫》，見《江西師院學報》，1980 年 3 期。

48、李明濱：《<舞會以後>藝術瑣談》見《閱讀與欣賞》，北京出版社，1986 年。

49、徐稚芳：《托爾斯泰的短篇小說<舞會以後>的藝術特色》，見《外國文學研究》1979 年 2 期。

50、頑宜林：《柳暗花明又一村——談<舞會以後>》，見《青春》，1980 年 3 期。

51、夏仲翼：《一個荒唐的判決說明了什麼？——讀<復活>》《書林》，1979 年 1 期。

52、易漱泉：《赫留朵夫的形象不真實和被美化了嗎？》，見《外國文學研究》，1979 年 1 期。

53、李明濱：《關於<復活>》，人民文學出版社，1979 年。

54、程正民：《試談托爾斯泰是怎樣創作的》見《北師大學報》，1978年5期。

55、（俄）古謝夫：《托爾斯泰是怎樣進行創作的》，見《文藝理論研究》，1980年合刊號。

附　錄

# 托爾斯泰生平與創作大事年表

| | |
|---|---|
| 1856 年 | 生於俄國圖拉省一個貴族之家 |
| 1856 年 | 入喀山大學學習 |
| 1852－1857 年 | 創作《童年》、《少年》、《青年》三部曲 |
| 1856 年 | 到高加索入軍隊服役，1856 年退役 |
| 1855－1856 年 | 創作《塞瓦斯托波爾故事》 |
| 1856 年 | 寫中篇小說《一個地主的早晨》 |
| 1857 年 | 寫短篇小說《盧塞恩》 |
| 1862 年 | 與索菲婭結婚 |
| 1863 年 | 發表中篇小說《哥薩克》 |
| 1863－1869 年 | 創作長篇鉅著《戰爭與和平》（四卷） |
| 1873 年－1877 年 | 創作長篇小說《安娜‧卡列妮娜》（兩卷） |
| 1880 年起 | 世界觀發生轉變 |
| 1879－1881 年 | 寫作《懺悔錄》 |
| 1886 年 | 寫作劇本《黑暗的勢力》 |
| 1891 年 | 寫作劇本《教育的果實》 |
| | 寫作中篇小說《克萊采奏鳴曲》 |
| 1889－1899 年 | 創作長篇小說《復活》 |
| 1904 年 | 創作長篇小說《哈吉－穆拉特》 |
| 1910 年 | 逝世 |

1910 年　　　　　發表中篇小說《魔鬼》

　　　　　　　　發表劇本《活屍》

　　　　　　　　發表短篇小說《舞會以後》

1910 年　　　　　發表中篇小說《謝爾蓋神父》

1926－1958 年　　出版《托爾斯泰全集》(90 卷，誕生百年紀念版)

論《戰爭與和平》主題思想 / 蕭素卿著. --初
版.--臺北市：文史哲，民92
　　面： 公分. -- (文史哲學術叢刊；18 )
參考書目
ISBN 957-549-498-9 (平裝)

880.5

## 文史哲學術叢刊　⑱

# 論《戰爭與和平》主題思想

著　　者：蕭　　　素　　　卿
出　版　者：文　史　哲　出　版　社
http://www.lapen.com.tw
登記證字號：行政院新聞局版臺業字五三三七號
發　行　人：彭　　　正　　　雄
發　行　所：文　史　哲　出　版　社
印　刷　者：文　史　哲　出　版　社
臺北市羅斯福路一段七十二巷四號
郵政劃撥帳號：一六一八〇一七五
電話 886-2-23511028・傳真 886-2-23965656
**實價新臺幣二〇〇元**

中華民國九十二（2003）年二月初版